사임당의
엄마 코칭

사임당의
엄마 코칭

노유진 지음

W미디어

차례

제3장
현모양처
실천편

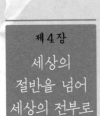

우리 모두의 어머니, 사임당

가끔 생각해보면, 학창시절에 누군가를 얄밉게도 잘 따라 하던 친구들이 있었습니다. 대개 공부 잘하는 모범생 곁에 바짝 붙어 열심히 노력하던 친구들 말입니다. 그리고 그들 대부분은 성적이 올랐고, 원하는 학교에 입학했던 것 같습니다. 이처럼 누군가 따라 할 수 있는 대상이 있다면 자신이 이루고자 하는 목표에 그만큼 덜 힘들게 도달할 수 있지 않을까요.

누구나 처음 하는 일은 어렵고 서툴게 마련입니다. 순백의 미개척지나 다름없는 삶을 스스로의 힘으로 채워가야 하는 우리네 인생살이에 있어 롤 모델이 있다면 그만큼 삶의 무게가 덜할 것이고, 나중에 후회하는 일도 그만큼 줄어들 것입니다.

하루를 마감하면서 집으로 돌아오는 길에, 그리고 바쁜 일상에 지친 어깨를 들썩이며 우리는 가끔 친정엄마를 떠올립니다. 그것은 행복했던 어린 시절에 대한 향수이며, 하루하루 멀어지는 꿈에 대한 안타까움입니다. 그리고 모든 허물을 가슴으로 받아주는 엄마 품의 포근함이며, 넉넉한 위안이기도 합니다.

우리들에게 있어 사임당은 그런 친정엄마 같은 인물이 아닐까요. 율곡 이이의 어머니이자 시서화詩書畫에 뛰어난 인물로 알려져 있지만, 좀 더 깊이 들여다보면 사임당은 우리 어머니들과 똑같이 한 남자의 아내였으며, 일곱 남매의 어머니였으며, 양가 부모님을 지극정성으로 모신 딸이자 며느리였습니다.

여러분의 지갑 깊숙이 들어 있는 5만원권 지폐 한 장을 꺼내봅시다. 사임당이 단아하게 그려져 있는 빳빳한 새 돈입니다. 그런데 주머니에 넣어두었다가 깜빡 잊고 그대로 세탁기에 돌려 그만 변색되고 말았습니다. 그렇다고 그 가치가 달라졌을까요? 그것을 말린다고 널어놓았더니 강아지가 물고 다니다가 내팽개쳐 구겨져 있습니다. 이렇게 형편없이 변색되고 구겨졌다고 해도 여전히 5만원권 지폐의 가치는 조금도 달라지지 않았습니다.

이제 한 번 물어보겠습니다. 여러분은 살아오면서 한 번쯤 실패해본 적 있겠지요? 언젠가 좌절에 빠져 크게 실망한 적도 있겠지요? 그때마다 자신을 형편없는 존재라고 생각하지는 않았는지요? 변색되고 구겨졌지만 5만원이라는 가치가 조금도 달라지지 않았듯이, 한없이 작고 형편없이 구겨졌어도 자신이 원래 가지고 있는 본질적인 가치는 조금도 달라지지 않습니다. 그럼에도 누군가 계속 짓밟고 있지요? 그것은 바로 자신입니다.

그런데도 우리는 여전히 남 탓을 하거나 온갖 핑계를 대며 스스로의 책임으로부터 도망치려 합니다. 문제의 근본 원인은 놔둔 채로 우리는 눈에 쉽게 띄는 증상에만 주의를 집중합니다. 이런 현상은 손목시계를 잃어버린 노인에 대한 이야기를 떠올리게 합니다.

어떤 노인이 밤에 실수로 자신의 손목시계를 잃어버렸습니다. 하지만 어두워 자신이 서 있는 주변은 잘 보이지 않습니다. 그때 문득 '저쪽 가로등이 밝게 빛나는 곳이라면 손목시계를 쉽게 찾을 수 있을 거야'라는 생각이 들었습니다. 노인의 발걸음은 자연스럽게 가로등 불빛을 향해 옮겨졌습니다. 그 날 밤, 노인은 자신의 손목시계를 찾을 수 있었을까요?

가로등 밑이 가장 밝지만 손목시계를 잃어버린 곳은 어두운 골목길입니다. 그곳을 떠난다면 스스로 문제를 해결할 수는 없습니다. 그렇지만 우리는 어려움이 닥치면 부딪히기도 전에 쉬운 길을 찾아 여기저기를 기웃거립니다. 문제가 있는 곳에서 문제를 해결해야지, 그것은 문제에 접근조차 못하는 효과적이지 않은 전략입니다.

혹시 거울에 비친 자신의 모습을 바라본 적 있습니까? 결혼과 함께 자신의 삶은 뒷전으로 팽개쳐버리고 남편 출세 뒷바라지, 아이 키우기에 혼신의 노력을 쏟아왔다면 이제는 자신을 제자리에 끌어올려

야 합니다. 현실이 도저히 그것을 허락하지 않는다고요! 우리가 한
정된 생활방식에서 벗어나지 못하는 것은 서커스단의 코끼리처럼 그
한계를 벗어나는 것이 어렵다고 스스로 믿기 때문입니다.

가설천막을 설치하고 사람들을 불러 모으는 서커스단에는 뒷다리
에 족쇄를 차고 있는 코끼리가 한 마리 있습니다. 족쇄는 말뚝에 묶
여 있는 짧은 쇠사슬에 연결되어 있고, 몸집이 집만한 코끼리는 언제
든지 말뚝을 뽑아 달아날 수 있을 것 같지만 그렇게 하지 않습니다.

코끼리가 쇠사슬에 묶였던 때는 아주 어렸을 때였고, 그때는 지금
처럼 힘이 세지 않았을 뿐만 아니라 말뚝도 허술하지 않았습니다. 어
린 코끼리는 말뚝을 뽑아내려고 여러 번 시도해봤지만 얼마 안 가서
그래봐야 소용없다는 것을 알게 되었고, 마침내는 쇠사슬에 묶인 현
실을 자기 삶의 조건으로 받아들이기 시작했던 것입니다. 그렇게 스
스로 포기했기에 성장해 충분히 힘이 세졌어도 코끼리는 현실의 구
속을 벗어나려는 시도를 더 이상 하지 않습니다. 게다가 길들여진 코
끼리는 재주를 부리며 적당한 먹이를 얻을 수 있는 환경에 만족하며
지내게 되는 것입니다.

우리도 변화를 두려워하며, 저 불쌍한 코끼리처럼 고정관념에 사
로잡혀 있지는 않은지 스스로를 돌아볼 때입니다.

'줄탁동기啐啄同機.' 병아리가 알에서 나오기 위해서는 새끼와 어미
닭이 안팎에서 서로 쪼아야 한다는 뜻입니다. 병아리가 알을 깨고 세

상으로 나오려고 할 때, 어미 닭이 알 속의 병아리가 껍질 안쪽을 부리로 쪼는 소리를 듣고 밖에서 알을 쪼아줍니다. 즉 병아리들은 자기의 삶을 살기 위해 안간힘을 다해 껍질을 깨뜨리고, 그것을 안 어미 닭은 병아리의 껍질 깨뜨리기가 좀 더 쉽도록 밖에서 도와줍니다. 결코 어미 닭이 껍질을 모두 깨뜨려주지는 않습니다.

500여 년 전, 사임당은 우리 어머니들과 똑같이 한 남자의 아내로, 누군가의 어머니로, 그리고 한 집안의 며느리로서의 삶을 현명하게 살았습니다. 그렇기에 우리가 어려움에 처할 때마다 따뜻한 도움의 손길을 건네주고, 앞길을 인도해주는 우리 모두의 어머니 같은 존재입니다.

지금까지 여러분이 현실이라는 껍질 속에 갇혀 있던 병아리였다면, 사임당이라는 훌륭한 어미 닭으로 인해 세상 밖으로 나가게 될 거라는 믿음을 가지십시오. 다만 알을 깨뜨리고 나오는 존재는 자신임을 명심하시기 바랍니다.

이 책이 우리 어머니들에게 꿈의 껍질을 깨고 나오는 마중물 역할을 하기를 기대합니다.

제1장

여자의 삶은 무엇인가?

1
내 이름을 빛내주는 나

500여 년 전, '신인선申仁善'이라는 여성이 있었습니다. 그는 중국 주나라 문왕文王의 어머니 태임太任 부인을 닮겠다며 '사임당師任堂'이라는 이름을 스스로 지었습니다. 문왕은 탁월한 정치적 재능과 인재를 등용한 어진 정치로 주나라의 기틀을 다진 왕으로 알려져 있습니다.

그렇다면 사임당이 본받고자 한 '태임 부인'은 어떤 사람일까요? 태임 부인은 동양 최초로 태교胎敎를 시행한 사람으로 알려져 있습니다. 문왕을 임신하였을 때에 가졌던 태교의 내용은 이렇게 전합니다.

눈은 사악한 빛을 보지 않았고, 귀는 음란한 소리를 듣지 않았으며, 입은 오만스런 말을 하지 않았다. 서 있을 때는 발을 헛딛지 말고, 다닐 때는 걸음을 천천히 하며, 자리가 바르지 않으면 앉지 말고, 고기도 바르게 잘린 것이 아니면 먹지 말고, 눈으로는 나쁜 것을 보지 말고, 귀로는 음란한 말을 듣지 말고, 입으로 악한 말을 하지 말며, 밤이면 소경으로 하여금 글을 읽고 시를 외우게 하여 마음을 화락하게 하였다.

태임 부인의 성품은 엄하면서도 어질고, 의리에 밝으면서도 자비로웠다고 합니다. 사임당은 그런 태임 부인을 자신의 롤 모델로 삼았습니다.

사임당의 어린 시절 글 읽기는 외할아버지로부터 칭찬이 자자했습니다. 처녀 시절의 그림 그리기도 빼어나 포도를 그리면 어머니는 진짜 과일처럼 잘 그렸다며 기뻐했습니다. 그리고 신인선은 결혼을 하더라도 태임 부인을 닮은 '사임당'으로서 글과 그림을 지속하겠다고 결심합니다.

이러한 사임당의 마음가짐은 자연스레 하루하루의 습관으로 이어졌고, 결혼 후에는 아들딸들에게 고스란히 전해져 집안에 묵향이 끊이지 않았습니다. 어머니 사임당은 자수를 놓고, 딸 매창은 그림을 그리고, 아들 율곡은 글씨를 쓰는 집안 모습이 눈앞에 그려지지 않나요.

하얀 종이 위에 붓이 지나가면서 새 생명이 피어납니다. 최승범 시인은 이러한 '화선지 붓 가는 소리'를 다음과 같이 묘사하고 있습니다.

원래 종이의 본성은 지저분한 게 아니던가. 누구나 제지공장에 가보면 알 것이다. 하얀 종이래도 그 본성이 지저분하여 끝내는 다시 지저분한 것으로 돌아가고 만다. 그런데 서예가나 화가는 이 지저분한 종이의 본성을 잘도 알고 있기 때문에 하얀 화선지를 놓고도 "거치륵 거치륵" 붓끝으로 종이의 지저분한 본성을 쓸어내고, 글씨나 그림으로 고담枯淡한 풍치를 들어앉히는 것이려니 싶다.

나무 본래의 지저분함을 탈피해 하얗게 변신한 종이 위에 먹물을 머금은 붓이 거치륵 거치륵 지나가면 비로소 생명력을 가지는 글과 그림은 세월이 흐를수록 오히려 깊이를 더해가면서 우리 마음을 정화시켜 줍니다.

사임당의 삶에 대해 후대에 형조판서를 지낸 신석우申錫愚 (1805~1865)는 "사임당 신씨 부인은 타고난 자질이 맑고 효성이 지극하였을 뿐만 아니라 몸가짐이 단정하고 순결하며 말이 적고 행실이 바른 분이셨다. 또 경전과 사기에 통하고 문장에도 뛰어났으며, 바느질과 자수에도 신비에 가까울 정도였다."며 사임당을 우러러 사모하는 마음을 나타냈습니다.

몇 년 전, 초보 엄마들이 좌충우돌하며 겪는 실전육아를 색다른 내레이션으로 재미있게 풀어나가는 케이블방송 프로그램 〈엄마사람〉을 시청하고 많은 엄마들이 폭풍 공감했다는 기사를 읽은 적이 있습니다.

저는 이 '엄마사람'을 "엄마도 사람이다"로 해석하고 싶습니다. 엄마도 장난기가 많던 아이일 때가 있었고, 수줍음 많은 소녀일 때가 있었고, 뜨거운 사랑의 결실로 결혼하고 출산했습니다.

그렇게 숨 가쁜 시간의 흐름을 타고 오는 사이, 어느덧 내 이름을 잃어 버렸습니다. 그저 누구의 엄마로서, 여성으로서 인내하고 살아온 날들! 지나간 추억만 차곡차곡 쌓이게 되었지요.

김춘수 시인의 〈꽃〉이라는 시에 '내가 그의 이름을 불러 주었을 때 그는 나에게로 와서 꽃이 되었다'는 구절처럼 이제 내게 꽃보다 아름다운 "내 이름"을 불러달라고 해야 합니다. 거기에 더해 이 기회에 내 삶의 방향을 세워주고 자신의 이름을 더욱 빛내줄 왕관과 같은 새로운 이름을 하나 만들어봅시다.

저는 '최강노강'(최고의 강사 노유진 강사)이라고 지었습니다. 강의가 힘들긴 하지만 제가 살아 있음을 느끼는 또 하나의 방법이 강의이기도 하거든요. 70대에도 흰 머리카락 날리며 강단에서 곱게 차려 입고 마이크를 쥐는 것이 지금의 제 바람입니다.

"여러분은 앞으로 어떤 사람이 되고 싶나요?"

"어떻게 살아가기를 희망하십니까?"

자신의 꿈이 담겨 있다면 조금 유치해도 상관없습니다. 그냥 생각나는 대로, 자신이 살고 싶은 그대로 이름을 지어 보세요.

실제로 강의실에서 자신의 이름을 만들어 보자고 제안하면 한 시간 내내 미간에 '내천川 자'를 그리는 여성들이 대부분입니다.

한참을 망설이다 손을 번쩍 들고 "아이고, 40년 이상을 이렇게 살아왔는데 이름은 무슨 새로운 이름! 그냥 강의만 조용히 듣고 가면 안돼요?" 하고 빠져나가려 합니다.

이런 분들을 위해서 제가 강의를 하지요. 1960년대 이후 출생 기준으로 앞으로 100세 시대가 아니라 이십 년이나 더 살 수 있는 120세 시대가 온다고 전해라~라며 일부러 소리 내어 웃습니다.

"10분 전에 들은 것도 잊어 먹는데, 그냥 듣기만 하고 집에 가면 남는 것 하나도 없어요. 그럼 40년은 요렇게 살아 오셨으니, 남은 60년은 다르게 살아보는 건 어때요?"

물론 익숙한 게 좋지요. 하지만 그렇게 익숙한 채로 삶을 살다 보면 좋은 점도 있겠지만 삶의 마지막 순간에 회한과 아쉬움이 남을 수도 있습니다. 이제부터 그 아쉬움을 하나씩 없애 볼까요?

새로운 이름을 짓기 위해서는 무엇보다 먼저, 내가 어떤 사람인지 알아야 합니다. 중요한 것은 내가 어떤 사람이었는지가 아니라 현재 어떤 사람인지입니다. 자신을 아는 것만큼 어려운 일은 없다지만, 그래도 가장 멀고도 가까운 사이가 '나와 나 사이'가 아닐까요.

사랑 듬뿍 받는 딸로 태어나 학창 시절 친구들과 예쁜 추억을 만들어왔지요? 그리고 한 남자의 청혼을 받고 그 남자의 아내로서의 삶을 받아들였고요. 또 귀여운 꼬맹이들의 엄마로 지금껏 잘 살아오셨습니다. 이쯤 되면 스스로 내 머리는 내가 한 번 쓰다듬어 주셔야지요.

'잘 살아왔어, 그리고 잘 살고 있어!'

하지만 과거에 대한 추억은 여기까지입니다. 그럼에도 불구하고 마음 한 편에 허전한 구석이 있다면 그건 바로 내가 삶의 주연으로 살지 못하고, 조연으로만 치부했던 자신의 모습 때문이 아닐까요?

- 10대의 나: 공부하느라 정신없이 지냈지. 그래도 친구들이랑 참 재미있었어!
- 20대의 나: 노느라 정신없었지. 실수도 많았고, 그땐 왜 그렇게 자신감이 부족했을까?
- 30대의 나: 드디어 결혼을 했지. 그래! 난 유부녀야~

이런 과거는 이제 잠시 접어두기로 합시다. 앞서 말씀드렸듯이 지난 과거보다는 앞으로 어떻게 살고 싶으냐가 새로운 이름을 짓는데 가장 중요합니다.

"여러분! 어떻게 살고 싶으십니까?"

"잘~!"이라고만 답하지 말아주세요. 해석하기가 매우 애매합니다. 내가 살고 싶은 바람을 이름에 담아봅시다.

SNSSocial Network Services가 발달한 지금, 많은 분들이 온라인상으로 활동하고 있습니다. 카페, 밴드, 카톡의 이름들을 보면 재치만발입니다. 지역명을 딴 평범한 카페도 있지만, 대부분 카페 명칭에서 카페의 성향이 잘 드러나 있습니다.

하지만 회원들이 사용하는 이름(닉네임)은 가슴 아픕니다. '서현맘, 다둥이맘, 진서맘, 콩이맘, 복실맘…' 맘으로 시작해서 맘으로 끝납니다.

카페 오프라인 모임에서도 "서현맘님, 어디 계시나요?"라고 들려옵니다. 내 본이름보다는 아이의 이름으로 불리는 것이 더 편하다고 하시는 어머니들입니다.

우리 엄마에게는 '박혜자'라는 아리따운 이름이 있습니다. 하지만 그동안 수진이 엄마, 유진이 엄마, 혹은 7층 아줌마로 불렸지요. 수진이와 유진이가 결혼한 뒤에는 손녀들에게 '박혜자 할머니'로 불러 달라고 부탁했건만, 이내 '루키 할머니'가 되어 버렸습니다. 우리 엄마가 기르는 말티즈 강아지가 '루키'였습니다.

내 이름 석 자로 불리기보다 내가 속해 있거나 처해 있는 상황에 따라 내 이름을 수식하는 단어가 바뀌는 현실! 사실은 불편한 진실입니다. 내 이름 석 자보다 내 아이의 이름이 편해져버린 현실 아닙니까!

오죽하면 50대 줌마렐라와 택배 아저씨가 바람이 났는데, 그 이유인즉슨 그래도 내 이름을 불러주는 이가 바로 택배 아저씨밖에 없더라는 우스갯소리가 있을까요.

여러분, 이제라도 늦지 않았습니다. 내 진짜 이름을 찾아 떠나보세요!

2
자기를 합리화하는 과거 여행

제가 강의 때, 과거를 바꿀 수 있는 사람이 있냐고 물어 보면 하나같이 없다고 대답합니다. 그렇습니다. 과거는 바꿀 수 없습니다. 그럼에도 바꿀 수 없는 과거를 붙들고 가슴 아파하고, 땅을 치고 후회를 하고 있는 자신을 발견할 때면 씁쓸하기 짝이 없습니다. 바로 제 자신의 이야기입니다.

결론부터 말씀드리면, 과거로부터는 교훈을 얻으면 됩니다. 과거의 성공을 기반으로 다시 그 행복감을 느끼면 되는 것이고, 과거에 했던 실수를 다시 반복하지 않으면 그것으로 된 것입니다.

우리 모두의 어머니인 사임당 역시 과거의 자신을 돌아보는 수준에서 그쳤지, 자신을 다그치지 않았고, 결정을 번복하고 후회하는 일은 없었습니다.

저도 이쯤에서 제 과거를 돌아보겠습니다. 회한이 느껴지는 일들로 심경이 복잡해집니다. 속상하고 가슴이 아픕니다. 하지만 사임당처럼 돌아보되 다시 반복하지 않도록 하겠습니다. 과거로부터는 똑같은 잘못을 되풀이하지 않겠다는 교훈을 얻으면 됩니다.

"나 44 입던 여자야! 이거 왜 이래!"

"아이고, 저도 애 둘 낳기 전에는 44사이즈였어요, 강사님! 저희 시어머니가 이렇게 여리여리해 가지고 애는 낳겠냐며 결혼을 반대했지 뭐예요."

"저, 진짜 배가 너무 작아서 라면 한 그릇도 못 먹었어요."

"처녀 적에는 두 달에 10kg도 뺐었어요."

이 말들의 공통점을 찾으셨습니까? 과거를 마치 현재인양 즐기고 있다는 겁니다. 과거에 했던 일들의 결과를 현재로 끌고 와서 '그땐 그랬지' 하고 넋 놓고 있으면 과거에 사로잡힌 공주님만 될 뿐입니다. '과거는 과거일 뿐 집착하지 말자!'라고 외치고 싶습니다. 지금 현재가 제일 중요하니까요.

여러분들 중에는 현재를 빨리 뛰어넘어 미래로 가려는 분들도 있습니다. 그만큼 현재의 자신을 부정하고 싶은 마음을 저도 충분히 공감합니다.

"2년 뒤에 가족끼리 따뜻한 동남아로 여행갈 겁니다. 그때까지 살을 빼서 비키니 입고…"

다이어트를 예로 들어서 정말 죄송합니다. 다이어트는 여성이 태어나서 가장 많이 시도하면서도, 가장 성공하기 어려운 미션의 하나죠. 2년 뒤 가족 모두와 팔라우로 여행을 가기로 했는데, 살을 쫙쫙 빼서 비키니를 입겠다고 선언한 여성 한 분이 있었습니다.

제가 여쭤었지요. 2년 뒤를 위해서 무엇을 준비하고 계십니까? 그 분의 답은 간단했습니다. 그때 가서 한약 다이어트를 하겠다며 한의원 이름에, 한 달 약값까지 꿰고 있었습니다. 그 분이 다이어트에 실패한다는 보장도 없지만, 성공한다는 보장 역시 없습니다. 하지만 비키니를 입겠다는 그 말에는 즐거움과 희망, 자신감이 넘쳐흘렀습니다.

그럼, 이쯤에서 현재를 볼까요? 아이들이 남긴 밥을 긁어 먹다 살이 쪘네, 나이가 드니 굶고는 못 살겠네, 이 좋은 세상에 먹을 건 다 먹고 살아야지, 먹고 죽은 귀신은 때깔도 곱다느니, 먹은 만큼 운동하면 되지 뭐가 대수냐며 이런저런 핑계로 현재의 내 모습을 합리화하는데 익숙해져 있습니다.

다이어트를 예로 들었지만, 삶을 살아가는 동안 내가 결심하는 모든 것의 적이 바로 자기 합리화라는 사실을 깨달아야 합니다.

3
잘난 척 릴레이

지금 현실이 어려울지라도 자신을 긍정하는 마음 자세가 중요합니다. 쓰러져 물이 말라 있는 꽃병에는 누구도 아름다운 꽃을 꽂지 않습니다. 우리 모두는 꿈 많은 어린 시절이 있었습니다. 그때는 내가 어른이 되면 멋진 신세계가 눈앞에 펼쳐질 것이라 자신했었습니다. 하지만 그것은 희망일 뿐, 현실은 차근차근 한 계단씩 밟아 올라가야 합니다.

여러분은 일곱 살 때가 기억나십니까? 강의 중에 종종 이런 질문을 던지면, 어떤 상황만이 어렴풋이 기억에 남아있다고 대답합니다. 그러나 일곱 살에 무슨 대회에서 상을 받았다면 자세하게 기억하고 있을 겁니다.

"제가 어릴 때 만화를 잘 그려서 친구들한테 칭찬을 많이 들었어요. 친구들이 서로 그려달라고 줄도 서고 그랬어요."

"저도 어릴 때는 강사님처럼 사람 앞에 나서서 말도 곧잘 했어요."

모두 우리 어머니들의 말씀입니다.

이제 과거로 돌아가서 나를 만나볼 시간이 되었습니다. 어린 시절에 나는 어떤 것을 즐겼고, 잘했고, 주변 사람들로부터 인정을 받았을까요?

지금부터 잘난 척 릴레이 한 번 해볼까요? 여기에도 순서가 존재합니다. 처음에는 '없다, 없다' 손사래를 치다가도 한두 분이 자랑거리를 늘어놓으면 그에 질세라 우리들의 18번인 '나도, 나도…'를 연발합니다. 그러다 새롭게 자랑거리가 나오면 "진짜? 어머 대단하다!" 하고 서로에게 격려해 주지요. 결국 신이 나서 강의시간이 끝날 때까지 멈추지 않던 자랑거리 릴레이는 쉬는 시간까지 이어집니다.

자, 우리도 이제 자랑거리 릴레이를 한 판 벌여 볼까요? 남의 눈치볼 것 없습니다. 우리는 누군가 옆에서 들어주면 더 신이 나서 이야기할 수 있습니다. 과거에 내가 잘했던 것들, 혹은 인정받았던 것들을 지금부터 나열해 봅시다.

내가 잘했다고 인정받았던 것들로는 무엇이 있나요?

4
사임당의 일곱 살 자존감

사임당은 일곱 살 때, 세종대왕 시절 유명했던 화가 안견安堅의 그림을 본받아 산수, 풀벌레, 포도, 매화 등 여러 가지 소재의 그림을 그렸습니다. 사임당은 색감에 능한 자신을 발견했고, 그림 그리는 것을 게을리 하지 않았습니다. 주변으로부터도 널리 인정을 받았습니다.

훗날 학자 권상하權尙夏(1641~1721)는 "사임당 신부인의 그림은 필력이 살아 움직이고 모양을 그린 것이 실물과 똑 같아 줄기와 잎사귀는 마치 이슬을 머금은 것 같고, 풀벌레는 살아 움직이는 것 같으며, 오이와 수박은 보고 있노라면 저도 몰래 입에 침이 흐르니, 어찌 천하에 보배라 하지 않으리요!"라고 절찬했습니다.

어려서부터 칭찬받는 아이, 상을 받은 아이들이 그 분야에 뚜렷한

두각을 나타내듯이 사임당은 빼어난 예술작품들을 남겼습니다. 일곱 살은 아니지만 우리 어머니들도 늦지 않았습니다. 사임당이 스스로 색감에 능한 자신을 발견하고 인정해준 것처럼 우리도 지금 스스로 인정이 필요한 시기입니다.

강의를 마친 제게 한 통의 메일이 왔습니다. 한 여성이 고민이 있어 잠을 못 이룬다며 상담을 신청했습니다. 메일을 보낸 분이 어떤 사람인지 궁금하리만큼 내담자의 진심이 담겨 있었습니다. 내용은 다음과 같습니다.

남들이 비웃을지도 모르지만 선생님만큼은 저를 이해해 주시리라 믿고 제 진심을 터놓습니다. 저는 전업주부 20년차입니다. 남편은 공무원이고요. 저도 조용한 성격이지만 남편은 집에서나 밖에서나 말이 없습니다. 당연 칭찬에는 인색한 편입니다.

저의 하루 일과 마무리는 남편의 저녁식사입니다. 남편은 유난히 집 밥을 좋아하는 편입니다. 외식은 거의 없다고 보시면 돼요. 문제는 제가 오후 내내 오늘 저녁 뭐하지 고민을 한다는 겁니다. 고민하고 만든 음식을 남편이 먹고 나서 뭐라고 할까?

남편은 결혼 이후 한 번도 음식이 맛있다고 말한 적이 없습니다. 남편이 식사할 때마다 맛있다는 말을 기대하지만 남편은 역시 아무 말 없이 식탁에서 일어섭니다. 문제는 남편이 마지막 밥숟가락을 뜰 때 저도 모르게 손에서 땀이 나고 심장박동이 빨라지며 긴장하게 됩니다. 저는 소심한 편이라 남편에게 "맛있어요?"라고 묻지를 못하겠습니다. 어쩌면 좋을까요?

사태의 심각성을 파악한 저는 그 분을 제 연구소로 모셨습니다. 네 시간 정도 상담을 한 뒤 다음을 기약하고 나가는 그 분의 축 쳐진 뒷모습을 보고, 갑자기 생각난 질문을 던졌습니다.

"혹시, 본인이 한 음식이 본인 입맛에는 맞나요?"

"제가 한 음식이 제 입맛에도 맞지 않아요. 솔직히, 맛… 없어요."

그렇습니다. 내 입에도 맞지 않는 음식! 물론 정성을 다해 준비했습니다만 그다지 맛이 없는 음식을 두고 왜 남편에게 맛있다는 얘기를 들으려고 했을까요? 이건 욕심이지요.

일곱 살 사임당은 자신의 재능을 발견하고, 또 노력을 게을리 하지 않았습니다. 온통 의문투성이인 이 세상에서도 노력하면서 흘리는 땀은 배반하지 않습니다. 요즘 인터넷에는 다양한 제철 요리가 재료며 요리법까지 자세히 올라와 있습니다. 그래도 부족하다면 요리교실에 등록해 배워보는 것도 한 방법입니다.

내가 만든 음식을 내가 먼저 인정해야 한다는 것이 저의 조언입니다.

5
효녀 사임당은 실용주의자

사임당의 어머니 이씨는 외동딸로 태어나 친정어머니가 위독하다는 소식을 듣고 남편과 강릉으로 내려갑니다. 편찮으신 부모님 곁을 지키기 위해 남편에게 출가한 몸이기에 분부를 어길 순 없지만 강릉에 남아 부모님을 모시겠다고 요청하지요. 그래서 사임당의 어머니와 아버지는 혼인을 했어도 각각 강릉과 서울에 16년이나 떨어져 살았습니다.

어머니 용인 이씨와 아버지 평산 신씨 사이에 둘째 딸로 태어난 사임당도 모친을 닮아서 효심이 깊었습니다. 사임당은 서울 사는 이원수李元秀에게 시집을 갔으나, 시댁으로 올라가 혼례만 치른 다음, 친정 부모를 모시기 위해 다시 강릉으로 내려와 살았습니다. 그렇다고 시댁에 소홀히 한 것은 아닙니다.

여자의 몸이지만 시댁과 친정을 위해 천 리나 되는 길을 멀다 않고 오르내렸습니다. 친정어머니를 뵈러 왔다가 서울로 돌아가는 길에 대관령 중턱에서 구름 덮인 북평촌을 바라보며 어머니를 그리는 시를 지었습니다. 그때 사임당의 어머니 이씨가 63세, 사임당은 38세, 어린 아들 율곡은 6세 때였습니다.

〈대관령을 넘으며 친정을 바라보다〉

늙으신 어머니를 고향에 두고
외로이 서울길로 가는 이 마음
이따금 머리 들어 북촌을 바라보니
흰 구름 떠 있는 곳 저녁 산만 푸르네

踰大關嶺望親庭(유대관령망친정)

慈親鶴髮在臨瀛(자친학발재임영)
身向長安獨居情(신향장안독거정)
回首北村時一望(회수북촌시일망)
白雲飛下暮山靑(백운비하모산청)

현모양처의 표상으로 칭송되는 사임당은 다섯 딸 중 둘째였습니다, 평소 총명하고 효성이 지극했던 둘째딸을 시집보내야 했던 사임당의 부모는 사위 이원수를 불러 이렇게 말했습니다.

"내가 여러 딸을 두었지만 자네 처만은 내 곁에서 떠나게 할 수 없네.”

이원수는 혼례를 치르고도 당분간은 처가에서 살았습니다. 사임당에게 장가를 갔지만 어쩔 수 없이 처가에 머물게 된 것이지요. 데릴사위로 표현해도 될까요?

요즘 친정 부모가 결혼을 앞두고 사위에게 “내가 유진이를 너무 사랑하니 내 곁에서 떠나게 할 수 없네”라고 말한다면 어떤 사태가 벌어질까요? 진정 서로를 존중하고 배려한다면 납득할 수 있겠지만, 그렇지 않은 경우는 위험한 발언일 수도 있겠지요.

남편 이원수는 사임당의 효심에 반해 신혼 초기를 처가에서 보냈답니다.

이제 효심에 대해 현대적으로 분석한 이야기를 한 번 나눠볼까요?

요즘 20대 새댁을 대상으로 조사하면 고부갈등을 크게 느끼지 않는다는 응답이 주를 이룬다고 합니다. 요즘은 전과 많이 다른데? 혹은 우리 때는 안 그랬는데, 하시는 분들도 계실 테지요.

그런데 몇몇 일부에 불과하겠지만 고부갈등이 없는 이유를 알고 나면 헛웃음이 나올 뿐입니다. 시어머니 전화번호를 입력한 후 연락처 이름난에 ‘안받아’라고 적는다니! 젊은 새댁 머리에 시어머니의 자리 혹은 존재감이 없어지면서 자연스레 고부갈등이 엷어진 것이 아닌가 싶습니다.

한편으론 고부갈등이 아니라 장서갈등이 대두되고 있습니다. 결혼 상대 여성을 선택하는 기준 3위가 '친정의 경제력'이라는 조사결과만 봐도 처가 중심의 가정이 증가하고 있다는 사실을 알 수 있습니다. 실제로 맞벌이 부부 10쌍 중 7쌍 가량이 처가나 친정 가까이 살림집을 마련하는 요즘 세태를 보면 결과적으로 무늬만 효녀, 혹은 진짜 효녀가 될 수 있는 최적의 조건이 갖추어진 셈이지요.

우리 어머니들은 지혜로워서 제가 강조하지 않아도 알아서 친정과 시댁 사이에서 최고의 효심을 보여주고 계실 테지만, 적절히 조율하지 못하면 예상치 못한 불협화음을 겪게 될 수도 있습니다.

불교 국가인 태국에서, 명절 때 시댁을 먼저 챙기는지 아니면 친정을 먼저 챙기는지를 두고 설문조사를 했답니다. 그 결과는? 그들에게서 들은 답변은 '가족 상황에 따라 실용적으로 대처한다'가 압도적인 1위였다 합니다.

그 옛날 사임당이 친정과 시댁 간의 천 리 길을 오가면서 양가를 챙겼던 기본은 과연 무엇이었을까요? 남편 이원수가 신혼 초 처가살이를 할 수 있었던 원인은 또 무엇이었을까요? 가족 상황에 따라 실용적으로 대처한 결과가 아닐까요?

참고로 이 지면을 빌려, 딸 둘밖에 없는 저희 친정을 이해해 주셔서 명절 때마다 친정에 먼저 보내주시는 시부모님께 감사의 마음을 전합니다. 누군가는 이런 제게 "복 받았네, 복 받았어"라고 말씀하시더군요. 그렇습니다. 저는 제가 받은 복을 양가에 효심으로 돌려드리고 있습니다.

사임당은 밤이면 자녀들에게 효심에 대해 옛 성현의 말과 시로 가르쳤으며, 자신이 직접 모범을 보이기도 했습니다. 서울 시댁에 있으면서도 늘 혼자 계시는 친정어머니를 생각했고, 그때마다 보고픈 마음을 시로 지어 달래곤 했다고 전합니다.

〈어머님을 그리며〉

산첩첩 내 고향 천리건마는

자나 깨나 꿈속에서도 돌아가고파

한송정 가에는 외로이 뜬 달

경포대 앞에는 한 줄기 바람

갈매기는 모래톱에 헤락 모이락

고깃배들 바다 위로 오고 가리니

언제나 강릉길 다시 밟아가

색동옷 입고 앉아 바느질 할꼬

思親(사친)

千里家山萬疊峯 (천리가산만첩봉)

歸心長在夢魂中 (귀심장재몽혼중)

寒松亭畔孤輪月 (한송정반고륜월)

鏡浦臺前一陣風 (경포대전일진풍)

沙上白鷺恒聚散 (사상백로항취산)

波頭漁艇各西東(파두어정각서동)

何時重踏臨瀛路(하시중답임영로)

綵服斑衣膝下縫(채복반의슬하봉)

　　효도에 있어서만큼은 실용주의자였던 사임당은 네 부모, 내 부모를 따지지 않고 양가에 충실했습니다. 저는 여러분께 여쭙고 싶습니다. 지금 당장 양가 부모님께 전화해서 "식사는요? 건강은요?" 하고 간단한 안부 인사를 드리는 것이 어떻습니까?

6
진정한 내 편은 없다

결혼을 왜 했는가? 이 질문에 80% 이상의 사람들은 내 편이 생기기 때문에 결혼했다고 대답한답니다. 더러는 외롭지 않으려고 결혼했다는 분도 있습니다.

외로워서 결혼을 하고, 외로워서 이혼하는 참 아이러니한 세상입니다. 외로움은 평생 함께 할 친구 같은 존재인데, 진정한 내 편을 찾고 싶어서 몸부림을 치는 우리들은 왜 자꾸 외로움과 떨어지려 안간힘을 쓰는 걸까요? 태어날 때부터 우리는 외로움이라는 친구와 손을 잡고 인생을 걷도록 만들어졌다고도 합니다.

당신이 만약 과거 10분으로 돌아갈 수 있다면 언제 어느 때로 갔다 오고 싶은가요? 한 여성잡지에서 실시했던 조사입니다. 진심이 아니었겠지만 결혼식장에 들어가지 않겠다고 답한 여성도 있었습니다. 1위를 알려드리기 전에 여러분들도 조용히 눈을 감고, 과거 10분으로 돌아간다면 언제로 돌아가고 싶은지 생각해 보시기 바랍니다.

자! 언제로 돌아가고 싶으신가요? 단연 1위를 차지했던 과거 10분은 바로 친정엄마 살아계실 때 허물없이 내 속마음 터놓을 수 있던 그때였습니다. 친정엄마는 진정한 내 편이라는 강한 믿음 때문일까요? 거꾸로 해석하자면 '지금 진정한 내 편은 없다'가 아닐까요. 참으로 씁쓸하지요.

"아니다! 남편이 있다. 남편이 진정한 내 편이다"라고 말씀하시는 분들의 볼멘소리가 여기저기서 들려오는데요. 그런 분들에게 이 자리를 빌어 제 남편 흉 좀 보겠습니다.

제 남편은 참으로 이상적인 사람입니다. 이해심이 많고, 집안일 잘 도와주고, 저의 의견을 잘 따라주는 괜찮은 파트너입니다. 제가 강의에 치어 힘들어 하면 그 누구보다도 따스하게 위로해줍니다.

한 번은 제가 사람과의 관계를 제대로 맺지 못해 서로 신뢰를 잃어버렸던 적이 있습니다. 여느 때처럼 남편에게 허심탄회하게 털어놓고 자문을 구했지요. 제 남편은 매우 이성적인 사고를 하는 편이라 교과서적인 답을 내놓고 또 시시비비是是非非를 가려주었습니다.

그런데 어느 날 사소한 문제로 남편과 작은 언쟁을 벌이게 되었습니다. 이 온순하고 착하고 이성적인 남편이 저를 공격했던 소스가 무엇인지 아십니까? 네, 상상하시는 바로 그 내용! 제가 힘들다고 어렵다고 아프다고 징징대며 고민을 털어놨던 그 내용들이 되레 제 약점이 되어 돌아오더군요.

그가 잘못되었다고 말하고 싶지 않습니다. 왜냐하면 저도 그 당시 똑같이 하고 있었으니까요. '돌아서면 남인 사람이 남편이다, 남의 편이라서 남편이다'라는 말이 생겨난 배경을 뼈저리게 이해할 수 있는 시간이었습니다.

그렇다면 친정엄마가 평생 내 곁에서 내 편이 되어주실 수 있을까요? 정답은 모두 알고 계시리라 믿습니다. 진정한 내 편은 결코 떼려야 뗄 수 없는 나 자신인 것을요.

사임당 역시 고운 인물과 총명함, 당시의 여성에게 필요한 덕목을 어느 것 하나 빠지지 않고 갖추었으나 '사임당'이라는 자신의 새로운 이름을 지으면서 비로소 자신의 앞날을 향한 분명한 좌표를 찾았다는 사실을 우리는 기억해야 합니다.

제2장

사임당 따라 하기

1
긍정과 부정의 법칙성

사임당이 이웃집 잔치에 참석했을 때, 마을의 부인들이 모여 이야기를 나누고 있었습니다. 사임당은 한쪽에 가만히 앉아 그들의 이야기를 듣고 있었습니다. 갑자기 그릇 깨지는 소리와 함께 한 부인의 비명 소리가 들려왔습니다.

"어떻게 하지? 내 비단 치마가 엉망이 되어 버렸으니, 이를 어쩌면 좋아."

음식을 나르던 하인이 걸려 넘어지면서 부인의 치마에 음식물을 쏟았던 것입니다.

"잔치에 오려고 이웃집에서 빌려 입은 옷인데, 이를 어쩌지…"

음식물이 묻어 더러워진 치마를 걱정하며 부인이 어쩔 줄을 몰라 합니다. 이를 본 사임당은 부인에게 귓속말을 한 다음에 치마폭을 펼치게 했습니다.

"그 치마를 벗어 제게 주세요."

그리고 하인에게 벼루와 붓을 가지고 오게 해서는 얼룩진 치마폭에 먹물을 듬뿍 찍어 한창 무르익어 먹음직한 포도송이를 그려냈습니다.

옆에서 지켜보던 부인들이 "저 부인이 사임당이래요"라면서 칭송했고, 치마가 더러워져 걱정하던 부인의 얼굴에는 금세 웃음꽃이 피어올랐습니다.

이 유명한 일화를 아시나요? 사임당은 어떻게 오물이 번진 치마에 먹물로 그림을 그릴 생각을 했을까요? 아마 제가 그 상황을 맞닥뜨렸다면 긍정의 힘으로 모면할 수 있었을까요?

우리 어머니들은 긍정적이십니까? 3초가 되기 전에 "네"라는 대답이 나왔다면 요즈음 즐겁고 행복한 일들이 많았다는 것입니다. 그렇다고 "아니오"라는 답을 했다고 스스로 많이 부정적이라고 생각할 필요는 없습니다. 곰곰이 생각해보세요. 근래에 힘들고 화나는 일이, 혹은 불편한 일들이 많지 않았나요?

사람은 항상 긍정적일 수 없듯이 언제나 부정적일 수도 없습니다. 그러니까 7:3의 법칙처럼 10번 가운데 7번 정도 좋은 일이 오면 3번 정도는 슬픈 일이 오게 되어 있습니다. 저뿐만 아니라 많은 심리학자들이 7:3의 법칙을 외치지요. 다이어트도 7:3의 법칙이 존재하고, 경영에서도 7:3의 법칙이 통합니다. 스피치도 7:3의 법칙이 통하고, 꿈을 이루기 위해서도 7:3의 법칙이 존재합니다.

요즘 들어, 왜 이렇게 행복하지? 왜 이렇게 기분이 좋지? 지금처럼 행복한 순간이 영원할까? 하고 생각하다가도 '내가 왜 이러지!' 하고 자신의 마음을 바로잡은 경우가 있지 않나요?

내 탓이든 아니든 행복한 일 뒤에는 자연스럽게 속상한 일이 따라오게 마련입니다. 그렇다고 속상한 일이 올 테니 미리 슬퍼하자는 말이 아닙니다. 10번 가운데 속상할 일이 3번쯤이라면 행복한 일은 그보다 많은 7번쯤이라고 받아들이면 어떨까요? 당장의 슬픔과 기쁨에 연연하지 않으면 자신의 현재를 긍정적으로 받아들일 수 있습니다.

사임당도 슬프고 당황스런 현실을(얼룩진 치마) 긍정의 힘으로(포도송이 그림) 극복해냈습니다. 7:3의 법칙을 기억하면서, 현재의 어렵고 슬픈 일에 좌절 말고 곧 이어질 더 많은 좋은 일이 가까이에 와 있다는 사실로 위안 삼으며 극복해 가야 합니다. 또한 즐겁고 신나는 현실이 끝없이 계속 될 것이라 자만에 빠지지 말고, 언젠가 다가올 위기에 대처할 준비를 하는 지혜가 필요합니다. 준비하는 사람에게는 위기가 곧 기회가 되기 때문입니다.

2
나를 긍정으로 바꾸는 프로세스

　지금도 긍정적이지만, 보다 더 긍정적으로 살아가려 애쓰는 사람들이 있습니다. 그런 사람들은 긍정적으로 사는 게 얼마나 좋은 일인지 알고 있기 때문입니다. 어떻게 하면 긍정적으로 살 수 있을까요?

　여러분은 긍정적으로 살기 위해 어떤 방법을 선택하셨습니까? 각자 나름의 방법으로 긍정을 훈련하고 있을 겁니다. 물론 사임당은 타고난 기질 자체가 온화하고 맑다고 합니다(1830년 무렵 형조판서를 지낸 신석우가 한 말).

　우리 모두가 타고난 기질이 긍정적이면 참 좋겠지만, 삶을 살다보면 이리저리 겪게 되는 일들로 인해 마음이 단단해지고, 걱정을 하게 되고, 긍정의 싹을 잘라버리는 경우가 종종 있습니다. 그럴 때, 음식물이 묻은 치마에다 포도송이를 그릴 생각을 한 사임당을 본받아 지금보다 더 긍정적으로 변해야 한다고 생각합니다.

이처럼 부정적인 상황에서 나를 긍정적인 상황으로 이끌어 줄 원동력, 그것은 무엇입니까? 자신을 긍정적으로 바꾸는 연습은 어떻게 할 수 있을까요? 제가 '자전거 타기'를 예로 들어 보겠습니다.

여기 자전거를 탈 수 있는 3명과 자전거를 타지 못하는 3명이 있다고 가정합니다. 인터넷 포털 사이트에서 자전거 타는 법을 검색합니다. 다양한 블로거들이 도심형 자전거부터 로드 자전거까지 타는 법을 상세히 작성해 두었습니다.

그런데 이제부터가 시작입니다. 자전거를 타지 못하는 3명에게 자전거 타는 법을 읽으라고 한 후에 그들 앞에 자전거를 갖다 줍니다. 이제 타 보세요, 하면 이 3명은 자전거를 타고 쌩쌩 돌아다닐 수 있을까요?

우리는 이들이 자전거를 금방 타지 못할 것이라는 사실을 이미 알고 있습니다. 자전거 타기는 넘어지면서 몸으로 익히는, 즉 체험해야 얻을 수 있는 암묵적 지식이기 때문입니다. 이처럼 긍정 훈련은 몸으로 체득해서 생활습관화 해야지, 머리로만 이해해서는 되지 않습니다.

어느 브런치 카페에서 만난 두 여성의 대화를 엿들어 볼까요?

"너는 뭘 그렇게 고민해? 왜 이렇게 부정적이야? 긍정적으로 살면 좋다더라. 긍정적인 사람이 열정이 넘친다더라. 긍정적으로 살면 스트레스도 없다더라. 긍정적인 사람 곁에만 가도 긍정 에너지가 느껴진다는데, 넌 왜 이러고 살아?"

들고 있던 친구가 되묻습니다.

"그래서 뭐? 어떻게 변화하면 되는 건데?"

"간단해! 긍정에 관한 책을 많이 읽고, 감사 일기를 쓰고, 세상을 너그럽게 바라보면 돼."

조용히 듣고 있던 친구의 입에서 한마디 감탄사가 터집니다.

"헐~"

방법은 의외로 간단합니다. 친구의 말대로 책을 읽고, 감사 일기를 쓰고, 세상을 너그럽게 바라보면 됩니다. 이렇게 태도를 바꾸면 행동이 바뀌고, 행동을 바꾸면 습관이 되고, 습관을 바꾸면 성품도 바뀝니다.

여러분도 헐~ 이라고 하셨나요?

3
긍정 연습 1 - 말하기

이제 긍정적으로 변화하기 위한 첫 번째 시도를 하겠습니다.

학부모 모임에 가려고 한복 대여점에서 빌려 입은 옷에 오물이 튀는 순간을 상상해보세요. 오 마이 갓! 서빙을 하던 아르바이트생이 김치 국물을 내 한복에 쏟았습니다. 당황한 학부모들은 어쩔 줄 몰라 하고, 잠시나마 내 얼굴에도 46가지의 근육이 움직여지면서 황당한 표정을 만들어 냅니다.

이때 우리 어머니들의 첫마디, 뭐라고 내뱉을까요?

십중팔구 인상을 찌푸리며 "어떡해~"일 것입니다.

잠시만요. 어떻게 하냐고 누구에게 묻는 것입니까? 하느님이 뿅 하고 나타나셔서 "상대를 용서하라, 아멘!"이라고 알려주실까요? 부처님이 오셔서 "벙어리처럼 침묵하고 얼음처럼 냉정하고 불처럼 뜨겁게 생각해라, 나무아미타불 관세음보살!"이라고 알려주실까요?

아닙니다. 바로 옆자리의 학부모가 알려줄 겁니다.

"화장실로 달려가서 비누로 씻으세요!"

그제서야 정신을 차리고 주변을 정리한 뒤 화장실로 달려가겠지요. 화장실에 도착해서는 옷에 묻은 김칫국물을 씻어내며 "빌려 입었는데 어쩐다. 드라이클리닝을 해줄까, 아니면 새 것으로 사다줘야 하나? 어휴 답답해." 짜증 섞인 한숨과 함께 대충 씻고 나옵니다.

멀리서 바라본 광경은 어떠했을까요? 다들 내 옷 걱정에 음식도 먹지 않고 더러워진 옷을 깨끗하게 되돌려놓을 방도를 찾아주려고 노력하고 있었을까요? 아닙니다. 다들 아무 일도 없었다는 듯, 5분 전과 다름없이 여유 있게 식사하고 있을 겁니다. 오물이 묻은 옷에 대한 걱정은 요만큼도 하지 않습니다.

- 내 옷에 오물이 튀는 순간 내 입에서 나온 첫마디는?

- 주차장에서 작은 접촉사고가 났을 때 내 입에서 나온 첫마디는?

- 아끼던 접시가 깨져버린 순간 내 입에서 나온 첫마디는?

여기에서 우리가 간과해서는 안 될 중요한 한 가지는 부정적인 사건을 대하는 사임당의 자세입니다. 우선은 침묵했던 사임당. 그리고 긍정적인 방향에 대해 말을 합니다. 더러워진 치마에 그림을 그리면 어떻겠습니까? 그리고 조용히 치마를 벗어 달라고 합니다. 눈앞의 문제를 해결하기 위해 1차적으로 말을 아꼈고, 2차적으로 긍정적인 말을 했습니다.

우리도 이 순서대로 경험해 보겠습니다. 부정적 상황을 겪게 되면 말을 아낀다? 이 말은 일이 벌어진 상황을 오해 없이 그대로 받아들이는 시각과 인내를 뜻합니다.

우리 어머니들이 봄기운 가득한 벚꽃 길을 걷고 있습니다. 봄바람이 살랑살랑 불어와 떨어지는 꽃잎이 눈처럼 휘날리고, 기분은 최고조에 이르렀습니다. 그때 갑자기 뭔가 내 어깨를 툭 치고 지나갑니다. 순간적으로 기분이 상한 내 입에서 어떤 말이 튀어나올 것 같습니까?

봄을 즐기고 있는데, 갑자기 뭔가 내 어깨를 툭 치고 지나갔다. 이때

– 내 기분은?

– 나는 어떤 말을 할까?

여러분은 뭐라고 답했나요? 아직도 망설이고 있나요? 절대 누가 잘못했다고 나무라지 않으니 솔직한 심정을 담아내보세요.

빈 칸을 채웠다면 이제 한 걸음 더 나아가 보겠습니다.

뭔가가 내 어깨를 툭 치고 지나가서 좋지 않은 기분으로 뒤를 돌아봤는데, 늘어진 벚꽃나무 가지가 내 어깨를 스친 것을 알게 되었습니다. 인상을 찌푸리고 뒤를 돌아보던 내 얼굴에 갑자기 멋쩍은 미소가 살짝 번집니다. 왜 그랬을까요? 사람의 행동이 아니었거든요.

이 사례를 보면 우리가 부정적인 상황을 묻지도 따지지도 않고 내 임의대로 '사람이 그랬을 거야'라고 단정하는 판단 오류가 있다는 것을 알 수 있습니다. 따라서 우리가 부정적인 상황에 접하게 되었을 때 1차적으로 상황을 제대로 판단할 수 있는 시간, 즉 침묵의 시간이 필요합니다.

다시 현실로 돌아와, 식당에서의 경우 아르바이트생이 내가 바닥에 둔 가방끈에 걸려서 넘어진 것이라면 어떤 기분이 들까요? 속상함과 미안함이 교차하면서 잠시 생각하는 시간을 갖게 되겠지요?

'화를 내고 싶긴 한데, 하필이면 내가 왜 가방을 여기에 둔 거지? 난감한 상황이군. 이미 벌어진 일이니, 무턱대고 화부터 낼 수는 없어!'

이 글을 읽는데 대략 10초가 걸리셨을 겁니다. 어떠한 부정적인 상황에서라도 1차적으로 10초 정도 여유를 갖고 상황을 분석해보면 말은 저절로 아껴지게 되어 있습니다.

4
긍정 연습 2 - 표현하기

두 번째로, 긍정적인 말하기를 배워볼까요?

우리 어머니들이 생각하는 긍정적인 단어는 얼마나 될까요? 아래의 빈 칸에 여러분이 생각하는 긍정적인 단어, 혹은 형용사들로 채워보도록 하겠습니다.

> – 내가 생각하는 긍정적인 단어나 형용사:

지면이 모자란다고 하시는 분들이 많기를 바라면서, 저의 답을 한 번 말씀드려 볼까요?

좋다, 사랑, 관심, 웃음, 행복, 기쁨, 나눔, 돕기, 배려, 아름답다, 존경, 공경, 효도, 승리, 설렘, 자유, 정, 응원, 미소, 함께, 같이, 성실, 멘토, 꿈, 자랑스런, 열정, 1등, 상장, 엄마, 아빠, 부모님, 아이들, 자녀, 달콤하다, 맛있는, 소중한, 자신감, 신뢰, 보살핌, 기대, 황홀한, 부드러움, 따뜻한, 여행, 예쁜, 최고의, 등등

저도 쓰긴 했습니다만 100가지도 나열하기가 어렵습니다.

얼마 전 보도에 따르면, 국가별 언어에 따라 행복감이 달라질 수 있다는 새로운 연구결과가 있었습니다(긍적적 단어가 행복감 부른다, 〈브릿지경제〉, 2015. 2. 10).

미국 버몬트대와 정보보안기관 '더미트라'의 공동연구팀은 최근 '폴리애나 법칙'에 관한 빅 데이터 실험을 진행했다. '폴리애나 법칙'은 1969년 일리노이대의 두 명의 심리학 박사가 만든 것으로 사람들이 사용하는 일반적 언어는 부정적인 단어보다 긍정적인 단어를 쓰는 경향이 많다는 내용의 가설이었다.

어떤 사건에 직면할 때 '어떻게든 되겠지'처럼 긍정적으로 생각하고 표현하려는 현상을 '폴리애나 현상'이라고 한다. 연구팀은 책, 광고, 신문, 소셜 미디어, 웹사이트, TV, 영화나 음악 등 24개의 소스에서

전 세계적으로 자주 쓰이는 일상생활 용어 수십억 개를 뽑았다. 그 중에 영어, 스페인어, 프랑스어, 독일어, 포르투갈어, 한국어, 중국어, 러시아어, 인도네시아어, 아랍어 등 10개 언어를 대상으로 가장 많이 쓰였던 1만 개의 단어를 추출했다.

각국별로 50명의 원어민들에게 해당 단어를 들려주고 9점 만점을 기준으로 빈도수와 행복감을 동시에 반영해 평가하도록 했다. 조사 결과 가장 많이 사용하는 단어 1만 개의 평균이 전체 10개 언어 모두 5점 이상으로 표시돼 원어민 대부분에게 긍정적인 느낌을 주고 있는 것으로 나타났다.

국가별로 약간의 차이도 나타났다. 10개의 언어 중 중국어와 한국어는 평균점수가 5점 초반으로 다른 언어에 비해 부정적인 단어 사용의 빈도가 높은 것으로 조사됐다. 반면 스페인어를 쓰는 원어민들이 가장 높은 행복감을 보였다. 스페인어는 행복점수가 평균 6점에 해당해 행복한 단어를 가장 많이 사용하는 것으로 나타났다.

스페인어를 사용하는 사람들은 '사랑', '행복', '축하' 등의 단어 사용 빈도가 높았으며 '죽음'과 같은 단어는 적게 사용했다. 스페인어에 이어 포르투갈어, 영어와 독일어, 프랑스어가 뒤를 이었다. 상대적으로 한국인들이 행복을 나타내는 긍정 단어의 사용빈도가 지극히 낮다는 것을 알려주는 실험 조사였다.

왜 우리나라 사람들은 긍정적 표현이 서툴까요? 우리가 사용하는 언어를 보면 그 이유를 알 수 있습니다. 우리는 4계절의 변화가 뚜렷한 기후에 살고 있습니다. 여름에는 "덥다" 혹은 "더워 죽겠다"는 표현을 자주 쓰지요. 그럼 추운 겨울은 또 어떨까요? "시원하다"는 표현은 바라지도 않습니다. 적어도 "춥다"거나 "매섭다"는 표현이 나올 것을 기대했지만 우리가 자주 쓰는 표현은 역시나 "추워 죽겠다"였습니다.

우리나라 사람들이 야식을 좋아하는 이유를 잠깐 알아볼까요. 드라마나 광고는 물론 〈6시 내고향〉, 〈생생정보통〉 등의 TV 프로그램에 어김없이 등장하는 것이 먹거리입니다. 특히 저녁시간에 리모컨으로 채널을 위아래로 이동해보면 더 잘 알 수 있습니다. 위로 돌려도 먹방이요, 아래로 돌려도 먹방입니다. 맛있게 먹는 모습밖에 없다고 할 정도니까요. 이렇게 맛있게 먹는 모습을 TV로만 보다가 실제로 그 맛있는 음식을 먹게 되었을 때의 감탄사! 눈치 채셨습니까? "우와~ 맛있어 죽겠다!"입니다.

요즘 카카오스토리 많이들 하시지요? 쉴 새 없이 띵똥띵똥 울려대는 사진을 보면 내 눈엔 귀여운 아가의 잠자는 모습일 뿐인데 '이쁜 내 새끼~ 아우, 예뻐 죽겠다'라고 적혀 있습니다.

좋아도 죽고, 맛있어도 죽고, 예뻐도 죽는 이상한 진실! 유독 '죽겠다'라는 말을 과하게 사용하는 민족이 우리나라 사람인 것 같습니다.

여기에서 또 하나 짚고 넘어가야 할 것이 있습니다. 운동선수들의 경기 전 인터뷰에 사용된 말들을 분석해보면 긍정적인 결과가 나올지 혹은 부정적인 결과가 나올지 예측이 된다는군요.

실제로 골프 선수 타이거 우즈는 허리 부상을 겪고 있었을 때의 인터뷰에서 가장 많이 사용했던 단어가 '허리'였습니다. 허리가 아프다는 것을 강조할 때는 이번에도 좋은 결과를 예측하기가 어렵다는 것을 알아차릴 수 있었습니다.

반면 2014년 승승장구하며 세계 랭킹 1위를 차지한 로리 맥길로이가 인터뷰에서 가장 많이 사용한 단어는 '좋다good, 노력trying, 우승wins'이었습니다. 또 로리 맥길로이는 다른 선수들에 비해 '버디'라는 단어도 자주 언급했는데요, 그 경기에서 승리하고자 하는 강한 열망이 언어로 표현되었고, 우승이라는 결과를 가져왔습니다.

이제 우리가 평소 사용하는 단어가 얼마나 중요한지 아시겠지요? 이처럼 긍정적인 단어를 의도적으로 사용만 해도 긍정적인 결과를 가져올 확률이 높습니다.

그럼 자동반사적으로 불쑥 튀어나오는 부정적인 단어는 어떻게 바꾸는 것이 좋을까요? 1차적으로 상황을 제대로 판단하는 침묵의 시간을 가졌다면, 2차적으로는 의도적으로 긍정적인 말을 사용하는 것입니다. 큰소리로 한 번 외쳐볼까요?

사랑해 사랑해, 좋아해 좋아해, 지켜 줄게 지켜 줄게, 보호해 줄게 보호해 줄게, 나만 믿어 나만 믿어, 넌 할 수 있어 넌 할 수 있어, 잘한다 잘한다, 그렇지 그렇지, 좋아 좋아, 맞아 맞아, 된다 된다, 하

자 하자, 먹자 먹자, 하면 된다 하면 된다, 일단 해보자 일단 해보자,
시도해 보자 시도해 보자, 도전하자 도전하자, 잘될 거야 잘될 거야,
해결 가능해 해결 가능해, 쉽다 쉽다.

무슨 말이 가장 기억에 남으세요? 저는 '먹자 먹자'가 기억에 남네
요. 자신이 가장 잘 쓰고 있는 말이 오래도록 기억에 남는다고 하니
까 어떤 말이 기억에 남았는지 스스로 생각해 보도록 합시다. 그리고
는 자주 입 밖으로 꺼내주면 됩니다.

부정적인 상황에서만 긍정적인 말을 의도적으로 써야 할까요? 아
닙니다. 평상시에 내 입에서 긍정적인 말들만 나오도록 연습하고 습
관화 하는 것이 중요합니다.

5
긍정 연습 3 - 거울아, 내 거울아

사실 우리 어머니들은 연습하지 않아도 내가 아닌 남에게는 긍정적인 말을 잘하고 있습니다. 한 번 볼까요? 영화가 시작된 지 5분! 친구와 저는 팝콘을 먹으며 영화를 관람하고 있습니다.

주인공이 시작부터 악당과 싸움을 합니다. 106층 꼭대기에서 악당과 단 둘이 마주친 우리의 슈퍼맨! 드디어 무기를 꺼내 싸움을 마무리하려는 찰나, 악당이 쏜 포박총에 칭칭 감기기 시작하는데요. 저는 어어~ 손에 땀을 쥐며 106층에서 포박된 채 떨어지고 있는 슈퍼맨이 행여나 죽지는 않을까 심장이 쫄깃해지고, 급기야 먹던 팝콘마저 내려놓습니다.

그런데 저와 달리 친구는 여유롭게 영화를 봅니다. 팝콘에 콜라까지 양손으로 쥐고 말이죠.

"안 죽어, 절대 안 죽어! 슈퍼맨은 어떻게든 살아 나와. 걱정 말고 팝콘이나 먹어! 콜라 줘?"

지금 먹을 게 넘어가는지, 저는 속이 타서 죽을 것만(아핫! 이것 보십시오. 저 역시 죽을 것 같단 표현을 쓰고 있는 한국인이 맞습니다. 저도 지금부터 죽을 것 같단 표현을 긍정적 표현으로 바꾸겠습니다) 아니, 속이 타서 불안한 데 친구는 참으로 여유롭습니다. 한참 뒤 사색이 된 저를 보고 한마디 합니다

"주인공이잖아! 주인공은 어떻게든 살아!"

친구는 슈퍼맨과 아는 사이일까요, 아니면 슈퍼맨은 친구를 알까요? 친구는 슈퍼맨을 알겠지만, 슈퍼맨이 그녀를 알 리가 만무하죠. 하지만 그녀는 슈퍼맨을 향해 긍정적인 단어란 단어는 모두 등장시키고 있습니다.

이쯤에서 강의를 준비할 때 늘 반복되는 저의 나쁜 버릇을 고백하겠습니다. 강의안을 펼쳐 놓고서는 한숨을 풍풍 쉬며 '나, 이 교안은 5시 안에 못 끝내.' '이건 어려워서 못할 것 같은데…' 하는 부정적인 생각으로 자신을 쥐어짜고 있습니다. 강의를 듣는 사람들에게는 온갖 긍정적인 단어와 말투로 희망과 사랑을 심어주려 하지만, 정작 강의안 앞의 자신에게는 늘 부정적이고 어두운 이야기만 되풀이하고 있었으니, 저부터 반성해야겠습니다.

가장 긍정적 이야기가 필요한 사람은 멀리 있지 않습니다. 바로 거울 속의 나입니다. 당장 화장품이든 손거울이든 휴대폰이든 내 얼굴이 비치는 물건을 꺼내 봅니다. 그리고 거울 속에 비친 나에게 온갖

긍정적인 단어들을 쏟아내 주세요.

저는 얼굴에 난 큰 뾰루지를 이리저리 둘러보면서 '아, 내일 강의 인데… 이거 더 커지는 거 아냐?' 하고 그것이 더 커져서 내가 더 못나 보일 것 같다는 부정적인 단어를 나열해 버리고 말았습니다. 당장 바꿔야지요. '뾰루지도 생각이 있어. 내일 강의니까 알아서 진정이 될 거야. 그럼. 당연하지'라고 말입니다.

그럼 일을 할 때 저는 스스로에게 어떤 긍정적인 말을 해야 하는 걸까요?

"유진아! 유진이 너는 잘하고 있고, 예쁘고, 착하고, 모든 일이 잘 될 거야. 넌 인복이 있고, 일복도 있고, 대운이 들어오고 있으니 지금 처럼만 하면 돼!"

내 말의 지배는 내가 가장 많이 받습니다. 인간의 대뇌는 말의 지배를 98% 받는다고 하는 데요, 그것도 자신의 말에 가장 큰 영향을 받습니다. 다이어트를 하는 와중에 "이거 먹으면 살찌겠지?" 하면 정말 살이 찝니다. 왜? 내가 '살찌겠지'라고 나에게 말을 했기 때문입니다.

또 마트에 가는 자신의 옷차림을 보면서 거울 앞에서 말합니다.

"남들이 뭐라 하지는 않겠지? 계절을 너무 앞서가나…"

네, 남들이 뭐라 합니다. 옷차림이 계절에 너무 앞서간다고!

전문가들에 의하면 혼잣말이 자기 통제력에 큰 영향을 미친다고 합니다. 그렇다면 어떻게 해야 나에게 더 큰 영향력을 행사할까요?

바로 2인칭으로 긍정적인 말을 사용하는 것입니다. "나는 괜찮아질 거야! 내 선택은 옳아!"라고 하기보다는 "보라야! 보라는 괜찮아질 거야! 보라의 선택은 옳아!"로 바꾸는 것입니다.

무슨 이야기인지 아셨지요? 스스로 타인이 되어 자신에게 긍정적인 말을 하는 연습을 시작하는 겁니다. 시작이 반이라고 했습니다. 조금 전 꺼내든 거울에 비친 내 이름을 불러주면서 긍정의 기운을 불어넣어 볼까요?

6
좋은 기억의 마술

사임당이 붓을 들고 더러워진 치마폭에 천천히 포도송이를 그릴 때 실패하면 어쩌지 하는 두려움이 있었을 겁니다. 하지만 그런 마음을 이겨낼 수 있던 강한 긍정의 힘!

저도 그와 같은 긍정의 힘을 받아 이렇게 책을 쓰고 있습니다. 이 책도 잘 될 거야! 분명 좋은 결과를 가져올 거야 하고 생각하면서 한 줄 한 줄 써내려가는 저는 긍정의 힘을 믿습니다!

여러분 스스로 나는 행운이 있는 사람이라고 믿으십니까? 저는 이상하게도 세상 모든 일들은 영화 속의 한 장면처럼 잘 짜여진 대본이 있는 것 같습니다. 왜 주인공은 반드시 살고, 아무도 없는 상황에서 누군가가 구해 주고…

제게도 그런 행운이 있었습니다. 그 날 강의시간에 조금 여유 있게 도착할 수 있도록 출발했는데, 고속도로에서 교통사고로 인해 차들이 정체되고 있었습니다. 내비게이션의 도착 예고시간은 4시! 그 날 제 강의 시작은 3시 30분에 예정되어 있었습니다. 사고가 수습이 된 후 과속을 한다 해도, 아니 비행기로 변신해서 날아가도 3시 30분 도착은 힘들어 보였습니다. 교육 담당자에게 고속도로 상황을 알리며 최대한 3시 30분 안에 도착할 수 있도록 노력하겠다고, 말은 그렇게 했습니다.

3층 강사 대기실에서 기다려 달라는 교육 담당자의 말이 끝나자마자 저는 신나게 달렸습니다. 결국 3시 45분에 도착했지요. 미안하고 죄송스런 마음에 쭈뼛쭈뼛 강의실 문을 열었는데, 아 글쎄! 제 앞의 강사님이 아직도 강의를 진행하고 있지 뭡니까? 오히려 교육 담당자가 저에게 미안해합니다.

"강사님, 대기실에서 기다리기 힘드셨죠? 얼른 끝나야 할 텐데…, 죄송하지만 조금만 더 기다려주시면 안될까요?"

그런가 하면 한 번은 제 실수로 강의 일정을 겹치게 받은 일이 있었습니다. 강의 요청이 있으면 전국 어디든 달려가는 저희들의 업무 특성상 이동이 잦아 운전 중 전화로 걸려오는 강의 의뢰는 메모보다 기억력에 의존하게 됩니다. 그 날도 그랬습니다. 강의 내용과 시간을 보니 가능할 것 같아 일정을 확정하고, 그 뒤로 까마득히 잊고 있었습니다. 강의 이틀 전 확인전화가 오기 전까지 말이죠. 그런데 강의 일정의 중복이었습니다.

다급해진 제가 어떻게 할지 몰라 난감해 하고 있는 그때, 다시 한

통의 전화가 걸려옵니다. 기존의 강의가 의무경찰 대상이었는데 집회 때문에 강의가 취소되었다며 거듭 죄송하다고 하지 뭡니까? 결국 저는 두 강의가 같은 날, 같은 시간대에 겹쳐 난감해 하다 운 좋게 기존 강의가 취소되고 까마득히 잊고 있었던 강의를 마치 원래부터 알고 있었다는 듯 태연하게 강의를 진행할 수 있었습니다.

한 번은 강의 중에 갑자기 진단지가 사라져 당황해 하고 있을 때 그동안 얼굴 한 번 본 적 없는 다른 강사님이 진단지를 빌려주시질 않나… 제가 어떤 위기에 닥쳤을 때마다 이상하리만큼 누군가가 나타나 도와주고, 일이 술술 풀리는 겁니다. 여러분도 이런 경험 해보셨지요? 영화 속 주인공이 위기를 기회로 바꾸는 순간이 제게도 일어난답니다. 이쯤 되면 "쟤, 뭐야?" 이런 생각이 드시나요?

모든 일이 술술 풀리는 이유! 세상이 저를 중심으로 돌아가는 이유! 저만 가지고 있는 단 하나의 비법을 이 지면을 통해 세상에 공개할까 합니다. 두구두구두구둥!

그 비법은 바로 저의 기억력에 있습니다. 저는 제가 운이 좋았던 일들만을 기억합니다. 물론 수 없이 많은 일들을 겪으면서 정반대로 일이 풀려 곤욕을 치를 때도 있었습니다. 하지만 저는 저의 기억력을 이용합니다. 제 뜻대로 일어난 일들만 차곡차곡 기억하는 것이지요. 속상하고 화나고 슬프고 안타까웠던 일들은 되도록 기억하지 않는 것입니다. 대신 저에게 유리하게 작용했던 모든 일은 기억과 동시에 여러 사람들에게 전달합니다. 마치 제가 마술봉을 하나 쥐고 있는 것처럼 말이죠.

그런데 이 비법은 저만 활용할 수 있는 것이 아닙니다. 여러분도 마음만 먹으면 당장 바꿀 수 있고, 지금 시도해볼 수 있습니다. 누누이 말씀 드리지만 제게서 비법을 얻었다고 해서 개그맨 누구에게처럼 500원을 주지 않아도 되고, 당장 오늘이 아니더라도 내일 시도할 수도 있는 일입니다. 물론 시도하지 않았다고 해서 벌금을 내거나 벌이 내려지는 것도 아닙니다. 그저 마음 가는 대로, 하고 싶을 때 한 번 해보면 되는 겁니다. 그렇게 한 번 시도하면 뭐든 잘 되는 사람으로 타인에게 인식될 겁니다.

7
남이 아닌 나부터 배려하자

여성으로서 주체적인 삶을 살아온 사임당은 배려의 여왕이었습니다. 사임당은 부유하지 않았던 남편 이원수에게 시집와서는 여느 여자들처럼 시어머니 홍씨를 도와 집안을 꾸리는 역할을 했습니다. 부리는 사람이 있었지만 아침 일찍 일어나 집안 대소사를 챙기고, 일곱 아이의 어머니로, 한 집안의 며느리로 숨 돌릴 틈 없는 생활을 했습니다. 이런 생활 속에서도 사임당은 자신을 닦아가며, 자기계발의 희망을 포기하지 않았습니다.

아마도 새벽녘이 아니면 자기만의 온전한 시간을 갖기는 어려웠을 겁니다. 그럼에도 자녀들을 공부시키면서 자신도 같이 글을 쓰거나 그림을 그리는 시간을 가졌습니다.

지금의 내 모습이네, 하고 맞장구치는 분이 많을 겁니다. 하지만 고개를 갸우뚱하는 어머님들을 위해 질문을 던지겠습니다.

"배려는 누구에게 하는 거죠?"

저는 강의 때에도 이 질문을 곧잘 합니다. 그러면 하나같이 "타인에게요"라고 큰소리로 답을 하지요. 왜냐고요? 우리나라의 교육문화를 거슬러 올라가면 배려는 항시 내가 아닌 타인에게 하라는 이야기들이 많았습니다. 도덕책 그 어디에도 자신을 배려하라는 문구는 없습니다. 자연스레 '남'과 '배려'는 사이좋은 친구가 되어 버렸습니다. 그 누구를 탓하고자 하는 것이 아닙니다. 그저 흘러온 시간만큼 타인을 위해 배려했다면 이제부터라도 나를 배려해 줍시다.

주체적인 삶! 그것은 오롯이 내가 하고픈, 내가 원하는 삶을 살기 위한 방법입니다. 주체적인 삶의 의미를 두고 혹자는 내가 좋아하는 것을 열심히 하는 삶이라고도 하고, 또 삶의 마지막 순간까지 놓지 않는 확실한 목표가 있는 삶이라고도 했습니다.

물론 그 대상은 자신이어야 합니다. 주체적인 삶과 반대인 의존적인 삶을 한 번 살펴볼까요? 아이들에게 모든 것을 맞춰가면서 살아온 내 삶을 보상받고자 다 커서 출가하는 아이들에게 "너희들 보면서 내가 여기까지 참고 살아왔는데, 어떻게 엄마한테 이럴 수 있니?"라고들 말합니다.

하지만 자녀들의 대답을 들어보면 눈물이 앞을 가리지요.

"누가 엄마한테 그러라고 했어? 엄마도 진즉 엄마 삶을 살지, 왜 내 핑계를 대는 건데?"

드라마에서 자주 등장하는 대화이기도 합니다. 그때 후회해 봐야 바뀌는 건 없습니다. 나는 나 자신보다, 남편보다, 더 아이들을 위해 살아왔는데 이제 와서 돌아보니 내가 없네요.

그렇다면 다시 나를 돌아보겠습니다. 아무도 내 삶을 되찾아 주지 않습니다. 자세히 들여다보면 내가 선택해서 그렇게 살아온 것이지 누가 강요한 적이 없습니다. 그럼에도 불구하고 결과적으론 '내가 누구 때문에 참고 살았는데'라고 핑계를 대고 있습니다.

누구 때문의 삶이 아니라 내가 선택한 삶을 살아야 합니다. 그러기 위해서는 무엇보다 내가 건강해야 하죠. 건강하지 않으면 주위의 모든 것이 보이지도 않습니다. 가령 오늘 심한 독감에 걸려 강의를 들으러 온 여성이 계시다면, 저의 강의가 귀에 쏙쏙 들어오고 즐거울까요? 물론 가벼운 감기 정도라면 강의에 빠져들 수도 있습니다. 하지만 심한 독감에 걸려 미열이 나며 오한이 느껴지고 때론 코가 막혀 입으로 말하랴 숨 쉬랴, 모든 고통을 감내하며 강의 자리를 지키고 있다면 그 자리가 행복하고 좋을까요?

결코 아닙니다. 견디기조차 힘든 허리 통증과 미열에 속은 울렁거리고, 급기야 인상이 찌푸려지고 속으로는 누구 때문에 여기서 이 고생을 하는 거야? 하고 속상할지도 모릅니다. 따라서 여기서 우선시 되어야 할 것은 내 몸이 아프지 않아야 된다는 것! 내 몸에 대한 배려가 첫 번째입니다.

강의를 하면서 가끔 "여러분이 좋아하는 음식은 무엇입니까?" 하고 물어보면 대부분 3초 이상 생각한 뒤 답이 나옵니다.

"음~ 저는 불고기!"

"음~ 저는 김치찌개!"

그러면 저의 다음 질문이 나갑니다.

"남편이 좋아하는 음식, 아이들이 좋아하는 음식은 무엇입니까?"

이 질문의 대답은 3초도 필요 없습니다. 자동반사적으로 음식 이름들이 튀어나옵니다.

지금껏 마트에서 장을 보던 내 모습을 잠시 생각해 볼까요? 내가 좋아하는 음식을 생각하기보다는 아이들이 잘 먹는 것, 남편이 좋아하는 것들 위주로 장을 보던 습관이 결국 내가 어떤 음식을 좋아했는지조차 잊어버리게 만들어 버렸습니다. 누구를 탓해야 할까요?

가끔 연수원으로 강의를 가는 저는 단체급식이 입에 맞지 않아 고생한 적이 있습니다. 싱겁게 먹는데 아주 짜게 나온다거나, 너무 매워서 속이 따갑기도 하거든요. 그런데 이런 불만을 가진 저와는 달리 연수원에서 만난 여성들의 대다수는 너무 즐겁고 행복하게 식사를 하는 것입니다. 아직도 음식 솜씨가 서툰 제가 해도 이보다는 맛있겠다 싶은 식단을 두고 어쩜 저렇게도 맛있게 드실까 의문이 들 정도로 말입니다.

식사를 하는 내내 웃음소리는 끊이지 않고(속으로 생각합니다. 전 시간에 강의가 재미있었나?), 식사를 하는 도중에도 맛있다를 연발합니다. 궁금증을 참지 못하고 식사하는 테이블로 다가가 능청을 떨며 여쭈어봅니다.

"어쩜 이렇게 맛있게 드세요? 오늘 음식이 맛있나요?"

그 분들의 답이 정말 가관입니다.

"아이구, 강사님! 내가 안 차려 먹으니 꿀맛이지! 남이 차려주는 밥상인데 뭔들 맛있지 않겠어요?"

그렇습니다. 미각은 살아 있었으나 미각보다 더 강한 '남이 차려준 밥상'이 승리하는 순간입니다.

나를 위해 차리는 밥상은 연습이 필요한 것 같습니다. 더욱이 집에 혼자 남아서 끼니를 때울 적에는 냉장고에서 반찬통을 통째로 꺼내 식탁에 올리기 전에, 혼자 밥 먹는 내가 지금 괜찮은지 자신에게 먼저 물어보고 밥상을 차립시다.

나를 먼저 배려하고 다독이는 주체적인 삶은 밥상 차림에서부터 시작되어야 합니다. 다시 한 번 말씀드리지만 의존적인 삶은 서로에게 도움이 되지 않습니다. 내가 나를 배려하고, 내가 먼저 행복하고 즐거워야 내 가족이 즐겁고 행복하다는 사실을 기억합시다.

8
고맙다는 말은 힘이 세다

사임당의 3남 율곡栗谷이 태어나기 한 해 전이었습니다. 몸이 편치 않은 사임당이 자녀들을 불러 앉히고 말했습니다.

"미안하구나. 내가 너희들을 제대로 돌보지 못해서… 선아, 네가 맏형 노릇을 하느라 수고하는구나."

맏아들 선璿은 "아니에요. 저는 별로 한 것이 없어요. 매창이 늘 수고했어요." 하고 답했습니다.

다시 사임당은 "그래. 우리 매창이 참 수고했구나." 하고 매창梅窓을 칭찬했습니다. 그렇게 자녀들의 이야기를 차례차례 들어주면서 대화를 이어나갔습니다.

"그럼 번이는 어떻게 지냈니?"

둘째아들 번璠은 "어머니, 제가 밖에서 놀다가 아이들과 싸우고 늦게 들어와서 할머니에게 걱정을 끼쳐 드렸어요."라고 하자, "그렇구나, 번이 자기 잘못을 스스로 이야기해주니 참 고맙구나. 그건 네가 정직하다는 뜻이다"라며 고마운 마음을 아이들에게 전했습니다.

우리가 일상에서 고맙고 감사하고 뭐 이런 이야기는 늘 하는 것 아니냐고 반문하실 분들도 계시겠지요. 그런데 우리가 정말 고맙다고 진심을 담아 이야기하는 것과 건성으로 고마워하는 태도(아무리 속마음을 감추려 해도 금방 드러나게 되어 있습니다)는 듣는 사람 입장에서 천지 차이랍니다.

한 어머니의 사연입니다. 중학교 2학년, 눈에 넣어도 안 아픈 막내 아들이 가출을 일삼는 문제아였습니다. 나쁜 친구들과 어둠의 세계 곳곳으로 어울려 다니며 학생 신분으로 해서는 안 되는 일들을 저지르고 다녔습니다. 엄마는 아들과 수차례 대화를 시도했지만 아들은 엄마와의 대화를 거부했다고 합니다.

아들의 행동은 시간이 흐를수록 더없이 거칠어져 갔습니다. 결국 한동안 연락조차 되지 않던 아들에게 몇 달 만에 연락이 닿았습니다. 어머니는 진심을 가득 담아 수화기 너머에 있는 아들에게 이렇게 전했습니다.

"수현아. 내 아들로 태어나 줘서, 그래서 이렇게 널 그리워할 수 있게 해줘서 고맙다."

목이 메인 어머니는 전화를 먼저 끊고 말았지요. 이튿날 수현이는 집으로 돌아왔습니다. 그것도 제 발로 말이지요. 돌아온 아들이 했던 첫 마디가 바로 "어머니, 고맙습니다"였습니다. 다른 말은 필요 없었습니다.

고맙다는 말은 힘이 세다는 것을 여러분들도 느끼셨을 거라 믿습니다. 그럼 이제 우리 자신에게로 돌아와, 남편에 대한 가족의 고마운 마음이 남편에게 제대로 전달되고 있을까 생각해 봅시다.

강의 도중에 우리 어머니들께 종종 이런 질문을 합니다.

"남편이 월급을 가져다주면 감사하다고 표현하십니까?"

많은 어머니들이 월급은 통장으로 입금되기 때문에 통장에 찍힌 숫자만 확인한다고 합니다. 어디에선가는 월급을 '사이버머니'라고도 하더군요. 입금되자마자 그것을 한 번 써보지도 못하고 여기저기서 빼내간다고 해서 생긴 신조어인 듯합니다. 어찌되었건 남편에게 고맙다는 말을 전할 시간조차 없다고 토로합니다.

그러면 반대로 우리 남편들은 어떨까요? 맞벌이 하는 아내가 아이들 깨워~ 챙겨~ 밥 먹여~ 그 와중에 남편의 식사를 차려놓았을 때, 남편들은 "고마워 여보! 바쁜데도 내 아침을 이렇게 챙겨줘서"라고 말을 해주시는지요?

나도 고맙다는 말을 안 하고, 너도 안 하니 우리 서로 웃고 넘기자입니까? 우리나라 부부들이 서로에게 가장 아끼는 말은 어떤 말일까요? 아마도 말이 좋아 아끼는 말이지 그만큼 잘 사용하지 않는 말이라고 생각하면 됩니다. 보기를 드리겠습니다. 1번은 사랑해요, 2번은 고마워요, 3번은 미안해요. 이들 가운데 무엇일까요?

갑자기 가수 김건모의 '미안해요'라는 노랫말이 떠오르네요.

그대는 나만의 여인이여. 보고 또 보고 싶은 나만의 사랑
그대는 나만의 등불이여. 어둡고 험한 세상 밝게 비춰주네요.
그대여 지금껏 그 흔한 옷 한 벌 못해 주고
어느새 거칠은 손 한 번 잡아 주지 못했던
무심한 나를 용서할 수 있나요? 미안해요.
이 못난 날 만나 얼마나 맘 고생 많았는지
그 고왔던 얼굴이 많이도 변했어요. 내 맘이 아파요.
그대는 나만의 여인이여. 아직도 못다 한 말, 그댈 사랑해요.
그대의 생일날 따뜻한 밥 한 번 못 사주고
그대가 좋아한 장미꽃 한 송이조차 건네지 못했던
나를 용서할 수 있나요? 미안해요.
사는 게 힘들어 모든 걸 버리고 싶었지만
그대의 뜨거운 눈물이 맘에 걸려 지금껏 살아요.
그대는 나만의 여인이여. 아직도 못다 한 말, 그댈 사랑해요.

역시 "미안해요"라는 말로 시작해서 "사랑해요"로 끝나는군요. 이 노래 어디에도 "고마워요"라는 말은 없습니다.

그럼 이제 정답을 발표하겠습니다. 정답은 2번 "고마워요"입니다. 노랫말 가사에도 넣기 힘든 그 한마디! 지금 옆에 있는 가족들에게

고마움을 전달해 볼까요? 아! 하나 중요한 것을 놓칠 뻔 했습니다. 그냥 무턱대고 "고마워"라고 말한다면 상대는 진심이 없는 표현이라고 받아들인답니다. 꼭 이유를 말해주세요.

"여보! 이번 달도 우리 가족을 위해서 열심히 일해 줘서 고마워요."

"난 규림이가 엄마 말을 잘 들어줘서 정말 고마워."

고마운 진심을 담아야 이 말은 제대로 전달됩니다. 표현하지 않으면 상대는 모릅니다. 시간이 있을 때, 상대가 있을 때, 내일도 모레가 아닌 지금 말해야 합니다.

9
사임당처럼 – 물음표 던지기

　사임당은 용꿈을 꾸고 아이를 가졌다 하여 율곡의 아이 때 이름을 현룡見龍이라 지었습니다. 사임당은 현룡이 글공부에 취미가 있음을 알고 자기가 읽은 책 중에서 아들이 읽을 만한 책을 골라 주고, 책을 읽고 난 뒤 어떤 부분이 기억에 남는지 물어 보았습니다. 또 꽃과 나무를 잘 그리는 딸 매창에게는 왜 꽃을 그리는지, 그림을 완성한 뒤에는 기분이 어떤지 물어보았습니다.

　아이들은 직접 자신의 입으로 기억에 남는 부분과 소감을 이야기하면서 표현력, 논리력, 창의력, 감성언어 능력을 키워 나가게 됩니다. "예" 혹은 "아니오"로 답하는 것이 아니라 자신이 직접 느낀 것을 언어나 행동으로 표현하는 것입니다.

　아이들은 부모로부터 자신이 인정받고, 존중받고 있다고 느낍니다. 다시 말해 부모가 아이들에게 물음표만 제대로 던져주면 아이들의 자존감이 상승하게 됩니다. 물음표 하나가 사랑과 관심, 인정과 배려, 그리고 존중을 뜻하기 때문입니다. 주입식 교육과는 사뭇 다르지요?

그럼 자녀에게 하는 올바른 물음표 던지기 스킬을 지금부터 배워보도록 하겠습니다. 사임당이 아들 현룡과 딸 매창에게 물음표를 던져 그들의 의견을 물어보았던 스킬을 현대판으로 적용해 볼까요? 물음표를 던지는 이유 중 하나인 존중감을 저의 일화를 예로 들어 설명하겠습니다.

제가 강의를 들어간 지 4년이 조금 넘은 업체가 있습니다. 그 날은, 회사 교육 담당자가 3년에 한 번씩 로테이션 되는 회사 룰에 따라 새로운 교육 담당자를 만나는 날이기도 했습니다. 거의 매일 많은 사람들 앞에서 강의를 하지만, 처음 누군가를 만난다는 사실은 늘 긴장되게 합니다.

저 멀리서 복도를 걸어오는 저를 발견한 교육 담당자!

"강사님! 이리 오세요!"

다소 사무적인 말투에 제 걸음걸이는 더 긴장해졌습니다.

"강사 대기실로 들어가세요."

강의를 갈 때면 늘 대기하는 장소이기에 그나마 마음이 좀 놓입니다. 그런데 그 분의 마지막 말씀이 압권이었어요.

"강사님, 커피 한 잔 드세요."

저의 의사도 물어보지 않고 커피 한 잔을 뽑아와 불쑥 내밀었습니다. 저는 녹차가 먹고 싶었지만, 그냥 시키는 대로 해야만 되는 '슈퍼 을ᶻ' 강사라는 생각에 순순히 응할 수밖에 없었습니다. 물론 저와의 첫 만남이기에 그 분 나름대로 저를 배려한다고 해서 하신 말씀이라는 것을 나중에 알았습니다만, 쓴 커피맛처럼 그때의 씁쓸함은 한동안 가시지 않았습니다.

우리 아이들도 똑같이 느낄 가능이 있다는 이야깁니다. "채형아, 엄마가 너 존중해." 혹은 "채형아, 엄마는 늘 너를 배려해"라고 말하지 않아도 물음표 하나면 채형이는 엄마에게서 자신의 존재를 느끼게 됩니다.

그런데 아무렇게나 물음표를 던지면 취조가 됩니다. 그래서 물음표 던지는 것에도 예의가 필요합니다. 서로를 하나의 인격체로 존중해주는 배려, 바로 물음표가 필요하다는 것입니다.

옆에 누군가 있다면 그 분과 조심히 물음표 던지기 게임을 한 번 해보시기 바랍니다. 명심할 한 가지 룰은 절대 상대의 물음에 답해서는 안 됩니다. 절대로!

| A와 B의 물음표 던지기 1차 연습 |

A: 식사하셨어요?

B: 오늘 날씨가 좋죠?

A: 이 옷 어디에서 사셨어요?

B: 머리는 어디에서 하세요?

A: 봄을 좋아하세요?

B: 주량이 어떻게 되세요?

두 분의 질문 보이시죠? 이 게임에서는 질문에 답을 하면 무조건 집니다. 그런데 실제 이 물음표 던지는 게임을 해보면 자신도 모르게 답이 나와 버리는 현상을 경험하게 될 것입니다.

그리고 하나 더! 상대에게 관심 어린 질문을 하는 것이 얼마나 어려운 일인가를 깨닫게 될 것입니다. 마찬가지로, 우리 자녀들에게 제대로 질문하는 것이 얼마나 큰 어려움인지 아실 겁니다. 하지만 물음표 하나면 자녀에게 관심과 사랑, 존중과 배려를 한꺼번에 느낄 수 있게 해줄 수 있습니다.

제가 취업 코칭을 하던 대학생이 그 어렵다는 은행에 입사를 했습니다. 입사를 하고 눈코 뜰 새 없이 바쁘게 지내는 녀석을 드디어 석달 열흘 만에 만나게 되었죠. 많이 초췌해진 모습이었습니다. 은행 업무를 해본 저로서는 그가 왜 강제 다이어트를 하게 되었는지 알게 되었습니다. 뭐든 처음은 힘든 거니까요. 그토록 갈망하던 은행에 입사했는데, 눈에는 눈물이 그렁그렁 맺혀 있었습니다.

6개월만 견디게 하려고 온라인 코칭부터 카톡 코칭까지 강의하랴 녀석 코칭하랴 좀 바쁘게 지내고 있던 어느 날, 평소와 다른 그 신입행원의 카톡 프로필을 보게 되었습니다. 카톡 사진은 신입행원 교육의 마지막 날 행상님과 찍은 단체사진! 카톡 프로필엔 "그를 따라서 어디든 가겠습니다~"였습니다. 제 짐작이 맞는다면 행장님이 녀석에게 무한 감동을 주었고, 그는 행장님께 목숨이라도 바칠 기세로 존경하는 마음을 전달하고 있었습니다.

그를 만나 물었습니다. 제 짐작은 빗나가지 않았습니다. 은행 자체의 큰 행사가 있던 날, 행장님이 자신에게 평생 가슴속 깊이 남을 한마디를 해주셨다는 겁니다. 무슨 좋은 내용의 말씀을 해주셨을까요? 어떻게 하면 나처럼 한 그룹의 리더가 될 수 있는지, 아니면 나는 어떻게 살아왔다 뭐 이런 류의 이야기가 아닐까 짐작하며 조심스레 물었습니다.

"정민아! 너 도대체 무슨 이야기를 들었길래 가슴에 깊이 남고, 네 인생이 바뀌었다는 거야?"

"강사님, 저는 행장님이 제가 올해의 신입행원인지조차 모를 줄 알았어요. 그런데 행장님이 제게 눈을 맞추면서 먼저 물었어요. 아직도 얼떨떨하고, 그 감동이 남아 있어요."

정민이가 이야기한 행장님의 한마디는 "자네, 이번 신입행원이지?"였습니다.

자, 여러분은 이제 정민이가 이해되십니까? 행장님이 자신에게 해주신 딱 한 번의 질문으로 정민이는 스스로 인정을 받고 있는 2016년 신입행원이고, 행장님을 실망시키지 않겠다는 의지로 열심히 일하고 있는 것이었습니다. 그저 한 번 물음표를 던졌을 뿐인데, 정민이의 인생은 전과는 확연히 달라져 있었습니다.

제 강의 때도 이런 현상은 어김없이 일어납니다. 그 날은 근래 보기 드물게 힘든 강의시간이었습니다. 교육장은 2백 명이 들어가고도 남을 대강당! 아시지요? 요즘 강당 의자는 숙면을 취하기에 딱 좋은 목받침, 그리고 부드럽고 포근함이 존재한답니다. 게다가 점심식사 후라 졸음이 몰려올 듯 불길한 예감과 함께 강의를 제대로 진행하기가 힘들 거라는 생각이 폭풍처럼 다가왔습니다.

잘못된 예감은 빗나가지 않는 법, 강의가 사직되자마자 여기저기서 교육생들끼리 잡담하는 지역방송이 들리기 시작하더군요. 그런데 느낌에 어디서 본 듯한 분이 앞줄에 앉아 계셨습니다. 제가 공무원교육원을 5년 이상 들어가면서부터 저를 서너 번 만난 교육생들이 생기기 시작했습니다. 제 앞에 앉은 남성분, 어디에서 봤더라? 어디에선가 본 듯한데 기억은 나지 않고… 저는 에라 모르겠다 용기를 내어 그 분에게 물음표를 던졌습니다.

"혹시, 우리 지난 교육 때 만났었죠?"

가슴은 두근두근, 대답을 기다렸습니다.

"야~, 강사님 머리 진짜 좋네요. 나를 다 기억하다니!"

그때부터 모든 지역방송과 잡음은 이 분이 모조리 잡아주셨습니다. 마치 저로 빙의된 것 같았습니다

"좀 조용히 합시다!"

그 날 저는 이 분이 백마 탄 왕자님, 아니 그보다 더 멋진 분으로 보였습니다. 제 눈엔 하트가 뿅뿅!

그런데 시간이 지나고 보니, 이 분도 제 물음표 하나에 자신이 인정받고 있고, 누군가의 관심의 대상이고, 상대가 자신을 기억해준다는 것에 의기양양해져서 다른 2백 명의 교육생들을 조용히 시켜준 것이 아닌가 싶었습니다.

이처럼 물음표 던지기의 효력은 실로 대단했습니다. 만약 제가 그때 그 분께 질문을 하지 않았다면, 조용히 마음속으로만 '어디서 뵌 분 같은데…, 아는 척 할까 말까…' 이랬다면 수많은 지역방송 속에 제가 그 날 오후 강의를 제대로 마칠 수 있었을지 모르겠습니다.

우리 모두 1차적으로 무조건적인 물음표 던지기를 연습해봅시다. 이는 말 그대로 연습입니다. 상대에 대한 질문거리가 많든 적든 상관 없이 질문하는 것이 쉬운지 어려운지를 알기 위해서입니다.

1차 연습이 끝났다면 이제는 상대에 따라서 다르게 물음표를 던지는 연습을 하겠습니다. 강의 중에 난생 처음 보는 교육생에게 "물음표를 던지세요" 하고 요청하면 정말 잘 던집니다. 왜 그럴까요? 어차피 대답을 하면 지는 게임의 룰을 알고 있으니까요.

그런데 정작 배운 것을 활용하기 위해 아이나 친구, 남편, 아내에게 물음표를 던지다 봉변을 당했다면서 제게 하소연하는 분이 계셨습니다. 어느 여름 날 진행된 세탁소 점주님을 대상으로 한 커뮤니케이션 교육을 저는 아직도 잊을 수 없습니다. 그 분은 그 날 저녁 집에 돌아가 질문 3개만 하자고 결심했답니다. 역시 교육의 효과는 활용이지요.

질문 3개에 초점을 맞춘 점주님! 아내와 식사를 하며 그가 첫 번째 질문을 던집니다.

"밥이 맛있네! 어떻게 한 거야?"

"뭐, 밥?"

흠칫 놀란 표정의 아내를 보며 남편은 속으로 쾌재를 불렀습니다. 이런 게 교육의 효과라며 혼자 으쓱해 있는데, 아내로부터 돌아온 답변은 딴 세상입니다.

"그냥 할 말 없으면 없다고 해! 언제부터 당신이 내가 밥하는데 관심 가졌어? 솔직히 말해 봐! 당신! 혹시 세탁소 접고 이젠 밥집 차리고 싶어?"

남편은 물음표 한 번 던지고 그 길로 깨갱 하고 말았다며, 저더러 "싸움 나면 강사님 때문입니다. 책임지세요." 하셨습니다. 그렇지요. 물음표도 마구잡이로 던지면 '당신에게 관심 없습니다'라고 말하는 것과 같습니다.

연습할 때는 상대방을 고려하지 않고 열심히 물음표를 던져야 합니다. 이제 상대방에 대한 특성을 아셨다면 아이들 방으로 한 번 가볼까요? 지금부터는 상대에 따라 질문을 던지는 연습을 해보겠습니다.

첫 번째 대상은 아이들입니다. 아이들과 평소 자주 대화해서 친근해져 있는 아빠와 그렇지 않은 아빠의 대화를 잠시 엿들어 보겠습니다.

- 친근한 아빠 – 어제 종이접기 대회는 어땠니? 재미있었어? 아름이는 손도 번쩍번쩍 들고 질문하니까 학교에서 칭찬도 종종 듣지? 우진이랑 애들하고 과자는 잘 나눠먹고 있어?
- 친근하지 않은 아빠 – 학교는 재미있니? 공부는 재미있니? 친구들하고 사이는 좋아?
- 질문에 익숙하지 않은 아빠 – 학교는? 공부는? 친구들하고는?

왜 아빠와 아이들 이야기를 예시로 들었느냐 하면, 사임당 역시 태교부터 남편과 함께 했습니다. 밥상머리 교육도 함께 했습니다. 물론 남편이 서울로 공부를 하러 떠났을 때는 혼자 교육을 할 수밖에 없었지만, 항시 같이 행동하고 모범을 보였습니다.

엄마는 질문을 잘 던지는 반면 아빠가 질문에 인색해서, 아이들에게 관심이 있지만 표현하지 않으면 그만큼 엄마의 물음표 던지기가 어려워집니다. 백지장도 맞들면 낫다지요? 흔한 질문이지만 그 질문 하나로 우리 아이가 달라질 수 있습니다.

아이들을 대상으로 물음표를 던질 때는 엄마 아빠의 협동심이 필수입니다. "오늘은 이것에 대해 물어봐요. 여보! 내일은 ○○을 한다니까 ○○ 잘할 수 있지? 이렇게 물어줘요"라고 아이들에 대해 물음표 던지기 전략을 함께 세워야 합니다. 그래야 인정과 배려, 존중과 사랑의 효과가 배가됩니다.

아이들이 잠든 시간에 부부가 침실에서 잠들기 전 5분을 활용하면 좋습니다. 실제로 인간의 대뇌는 안정화하려는 성향이 강해서 같은 시간, 같은 말, 비슷한 행동에 노출되면 실제로 그런 이미지에 가깝게 살아간다는 연구결과도 있습니다. 잠들기 전 5분, 엄마가 아이에게 해주는 말이 마치 이미지 트레이닝처럼 아이의 뇌리에서 상상의 나래를 펼치게 만들고, 아이의 미래를 바꿔놓기도 합니다.

이 5분을 부부가 활용한다면 어떤 결과를 가지고 올까요? 잠들기 전 5분이 아침에 일어났을 때의 기분을 좌우합니다. 기분 좋은 이야기를 주고받으며 잠든 부부는 아침에 정신이 맑고, 좋은 기분으로 일어납니다. 딱딱한 기계음인 휴대폰 알람소리마저도 누군가 귓가에서 흥얼거리는 콧노래처럼 느껴진다고 할 정도로 행복한 느낌이 듭니다.

여러분도 이런 경험이 있으신가요? 남편과 언쟁을 벌이다가 서로 씩씩대면서 잠자리에 듭니다. 물론 화해나 사과도 없이 화가 난 상태로 잠자리에 들었지요. 다섯 시간이 지난 후, 여느 때처럼 알람소리에 놀라 벌떡 일어납니다. 그런데 자다 깨서 멍한 상태이지만 기분 나쁜 느낌은 여전히 남아 있습니다.

우리 어머니들도 공감하시지요? 언쟁을 벌이고 잠을 청한 후 다섯 시간이라는 긴 시간이 흘렀지만, 기분은 정확하게 그때의 그 기분 그대로를 유지하고 있습니다. 그리고 눈을 뜨자마자 내 기분이 나쁨을 인지했습니다. 잠을 자면서도, 꿈을 꾸면서도 나쁜 기분을 유지할 수 있다는 것은 반대로 좋은 기분도 유지할 수 있다는 것이지요.

우리 아이에 대한 관심과 사랑이 깃든 대화라면 부부의 미래와 아이의 미래도 눈부실 만큼 밝지 않겠습니까? 오늘부터 당장 잠들기 전 5분 대화를 기분 좋게 시작해볼까요?

10
사임당처럼 – 행동 따라 하기

우리 아이들은 무심코 행동하는 엄마의 모습을 그대로 닮아갑니다. 얼마 전에 〈블랙박스로 본 세상〉이라는 TV 프로그램에 출연한한 남성이 제보한 영상은 이렇습니다. 좌회전 신호를 받고 차를 몰고가는데 한 여성이 아이와 위험하게 무단횡단을 하고 있었습니다. 조금만 더 속도가 있었으면 부딪힐 뻔한 아찔한 광경이어서 다시는 그러지 않기를 바라는 마음으로 경적을 울렸습니다. 게다가 어린 딸의손을 잡고 건너는 엄마의 모습이 참으로 한심해 보였다고 합니다.

그런데 잠시 후 이 남성은 너무 놀라 할 말을 잃었습니다. 그 여성과 어린 여자아이가 자신의 사랑하는 아내와 딸이었기 때문입니다.해프닝이라고 하기에는 조금 많이 아찔하지 않습니까?

우리 아이들이 하는 행동을 보면 엄마의 행동을 미루어 짐작할 수있습니다. 그래서 우리가 바로 아이들의 교과서인 셈이지요.

〈슈퍼맨이 돌아왔다〉라는 TV 프로그램에서 추성훈의 예쁜 딸 사랑이를 봐도 알 수 있습니다. 엄마 야노시호가 요리를 하고 있는 주방 바로 앞에는 사랑이만의 어린이 주방놀이 세트가 차려져 있습니다. 엄마가 사과를 깎으면 사랑이는 가지를 칼로 깎는 흉내를 내고, 엄마가 칼질을 하고 있으면 사랑이도 칼질을 하느라 여념이 없습니다. 또 엄마가 설거지를 하면 사랑이도 설거지를 하면서 주방놀이를 마무리짓습니다. 엄마가 외출을 하느라 립글로스를 바르는 모습을 본 사랑이는 거울 앞에 서서 똑같이 립글로스를 바르고 있습니다.

아이들은 단순히 호기심으로 엄마의 행동을 따라 하는 걸까요? 지금부터 사임당이 사용했던 본보기 교육법을 한 번 알아보도록 하겠습니다. 사임당도 평소 집안을 돌보는 와중에도 아이들을 직접 씻기고, 아이들에게 하루 일과표를 작성해 주면서 아이들과 함께 공부하는 모습을 보였습니다. 그리고 연로하신 시어머님이 편찮으실 때면 지극정성으로 돌봐드렸습니다.

어느 날, 사임당이 여섯째를 낳고 몸이 아파 누워 있게 되었습니다. 맏딸 매창은 누가 시키지도 않았는데 스스로 엄마가 했던 일을 했습니다. 할머니를 도와 동생들을 씻기고, 엄마가 작성해준 일과표에 따라 동생들 공부도 시켰습니다. 또 일과가 끝나면 동생들을 데리고 사임당의 방으로 와서 문안을 하게 했습니다. 이때 어린 현룡은 엄마의 머리맡에 앉아, 엄마가 할머니를 보살피던 때와 똑같이 이마에 손을 얹고는 "어머님! 편찮으신 곳은 어떠하십니까?"라며 사임당의 모습을 그대로 흉내냈습니다.

위의 일화처럼 아이들은 사임당의 평소 행동을 그대로 보고 따라한 것일 뿐입니다. 누가 이래라 저래라 시킨 것도 아니고, 예절 교육을 많이 받아서 나온 행동도 아닙니다. 단순히 사임당이 했던 그대로를 본받아 따라했을 뿐입니다. 그래서 아이의 교육이 곧 엄마의 교육이라는 말이 있나 봅니다.

평소에는 장난꾸러기이고, 엄마 말을 잘 듣지 않아서 혼이 나는 아이들의 눈에는 엄마를 그대로 본받는, 닮아 가는 세포가 있습니다. 그 세포를 '거울 뉴런mirror neuron(타인을 보고 상대방의 행동이나 체험을 내적으로 복제하도록 하는 뇌신경망)'이라고 합니다. 사람은 누구나 호감이 가는 사람에게 보이는 몇 가지 반응이 있습니다.

예를 들면, 오늘이 율하초등학교 1학년 어머니 모임이 있는 날이라고 가정하겠습니다. 여러 어머니들이 모여 있는 와중에도 나랑 코드가 맞을 소연이 엄마가 보이고, 또 나랑 코드가 전혀 맞지 않을 것만 같은 지우 엄마도 보입니다. 여러분, 지금 고개를 끄덕끄덕하고 계시지요? 우리가 무슨 관상학자도 아닌데, 그저 위아래 스캔 한 번이면 저 사람과 나의 코드가 나오는 이것! 이것을 관장하는 세포가 바로 '거울 뉴런'입니다.

'나와 유사한 행동들이 보인다'고 대뇌가 판단하게 되면, 그때부터는 없던 호감도 생기게 됩니다. 이를 반대로 설명하면, 내가 호감을 갖고 있는 사람이 있다면 나도 모르게 그 사람의 행동을 따라 하게 되는 것이지요.

한 결혼정보회사에서 호감에 대해 몇 가지 심리실험을 해봤습니다. 남녀가 맞선을 보는 자리를 만들어 상대에게 호감이 있는지 없는지를 관찰하는 실험입니다. 전체적인 실험은 이렇게 진행됩니다.

남녀가 마주앉아 대략 10분간 서로 인사를 나누다가, 제작진이 사인을 주면 연기자인 여성이 커피를 후루룩 마시고는 컵을 내려놓고 약 5초 동안 상대 남자의 행동을 보는 것이지요. 여성이 컵을 내려놓은 후 5초 동안의 남자의 행동을 보고 호감을 갖고 있는지 없는지를 맞추는 것입니다. 여성에게 호감을 갖고 있는 남자의 행동은 몇 번일까요? 여러분도 한 번 맞춰볼까요?

| 남자의 행동 |

1. 자신의 컵을 3초 이상 바라본다.
2. 자신의 컵을 손으로 만지거나 옮겨 놓는다.
3. 자신도 컵을 들어 커피를 후루룩 마시고 내려놓는다.

아마도 많은 분들이 3번이라고 외쳤을 것 같습니다. 하지만 정답은 '모두 다'입니다. 셋 모두 '거울 뉴런'이 움직이기 때문에 일어난 행동입니다. 즉 이 남성은 여성에게 호감이 생겼다는 결과를 얻을 수 있습니다. 이처럼 사람은 누군가에게 호감을 느끼면 자신도 모르는 사이에 행동을 미러링하게 되는 것입니다.

우리도 연애하던 시절, 그럴 때가 있지 않았나요? 기억조차 나지 않는다고요? 뜨거운 연애를 했던 그때로 한 번 돌아가 보겠습니다. 커플룩을 입고 다니면서 학교 대표 커플임을 만천하에 공개했던 적이 있나요? 남편과 커플링은 왜 하고 다녔을까요?

제 경우입니다만, 단짝 친구 가영이랑 왜 옷 입는 스타일이 점점 비슷해졌을까요? 닮았단 얘기도 많이 들었지만, 실은 가영이와 제가 일부러 똑같이 하고 다녔을 겁니다. 같은 핸드백을 매고 다녔고, 같은 브랜드의 구두를 신었고, 컬러만 다르지 형태는 같은 옷들을 입고 다녔으니까요.

직장생활에서도 마찬가지입니다. 어느 날 보라의 속눈썹이 몰라보게 풍성해지고 길어져 있습니다. 탕비실에 모인 우리는 보라에게서 꿀팁을 제공받습니다. 그리고 일주일이 지나면 5명의 직원 모두의 속눈썹이 길고 풍성해져 있죠.

또 있습니다. 눈썹 그리는 게 힘들었던 직장 여성들에게 한때 유행했던 퍼머넌트! 반영구문신이라고 하는 퍼머넌트를 민혜가 시술하고 왔습니다. 모두 민혜 주위에 둘러앉아 묻습니다. 얼마나 아프냐? 금액은 얼마냐? 시간은 얼마나 걸리느냐? 거기 예약은 가능하냐? 전화번호는 뭐냐? 결국 5명의 직원은 모두 퍼머넌트를 시술하고 간편하게 메이크업을 할 수 있게 되었습니다.

결혼해서 아이가 있으면 이제 이 아이가 나의 단짝 친구가 되지요.

요즘 백화점에 가면 엄마-아빠-아이의 커플룩이 많이들 나와 있습니다. 색깔도 어찌나 곱던지요. 샛노란 티셔츠에 아빠곰-엄마곰-아이곰이라고 백네임이 적혀 있기도 합니다. '우리는 가족! 하나! 그러니까 통일되어 있어!'라고 표현해주는 것입니다. 행동 통일을 이루고자 하는 것의 기본이 호감이니까요.

조금 더 멀리 가볼까요? 춤을 추는 재소자들을 본 적 있으십니까? 필리핀 세부의 지방교도소 이야기입니다. 200명 수용이 가능한 교도소에 1,000명이 수감돼 있던 2003년! 매일 반복되는 폭력과 폭동을 잠재우기 위해 새로 부임한 교도소장은 고민을 하기 시작합니다. 서로를 긍정의 시각으로 바라볼 수 있도록, 서로가 호감을 가질 수 있도록 하는 것이 관건이었는데요. 교도소장은 재소자들의 행동 통일을 위해 행진이라는 방법을 처음으로 시도했습니다. 행진을 하면서 드럼이나 악기를 이용하게 되었고, 점차 행진이 하나의 군무처럼 보이기 시작했습니다. 그래서 결국 음악에 맞춘 율동, 요즘 말로 라인댄스line dance라고 하지요. 모두 하나가 되어 같은 춤을 추기 시작했고, 이는 재소자 출신 안무가가 나올 정도로 서로에게 끈끈한 무엇인가가 되었습니다.

다시 정리하면, 세부 지방교도소가 사용했던 서로를 미러링하게 하는 이 방법 역시 기본은 호감이었습니다. 내가 호감을 느끼는 사람의 행동을 나도 모르게 따라 하고, 행동만 따라 해줘도 상대방은 나에게 호감을 느낀다는 것입니다.

얼마 전 일곱 살 은진이가 하는 행동도 엄마의 본보기가 얼마나 중요한지를 알려줬습니다. 은진이는 두 살 어린 여동생 하진이와 함께 마트에 갔습니다. 은진이가 지금까지 봐온 엄마는 은진이와 하진이에게 양손 새끼손가락을 내어주었습니다. 그리고 아이들과 안전하게 다니기 위한 약속이라며 꼭 새끼손가락을 걸고 다녔습니다.

어느 날 엄마가 마트 입구에서 10미터 정도 되는 거리에 주차를 하고, 엄마는 차에서 기다리고 있을 테니 은진이와 하진이가 얼른 마트로 가서 먹고 싶은 치약껌을 사오라고 했습니다. 차에서 내린 은진이와 하진이의 행동을 주목해 볼까요? 은진이는 누가 시키지 않는데도 차에서 내리자마자 하진이에게 새끼손가락을 내어줍니다. 그리고 하진이는 약속이나 한 듯 새끼손가락을 걸고 마트로 걸어갑니다. 이 모습을 흐뭇하게 바라보는 엄마는 이래서 내 모습이 아이들에게 어떻게 비춰지는가가 중요하구나 하고 다시 한 번 깨닫게 되었다고 합니다.

은진이와 하진이가 보여줬던 이 모습을 우리 아이들에게도 기대해 볼까요? 언젠가 한 아이의 어른스러운 행동을 보고 '도대체 이 아이의 엄마는 누굴까?' 하고 궁금해 했던 적이 있습니다. 나이 어린 아이가 어른스러운 행동을 하는 것을 보면서 '분명 어머니로부터 배웠을 거야. 아이 어머니의 교육방법이 참 궁금하다'라고 생각했습니다.

이제 우리 아이들에게 이 방법을 시도해 보겠습니다. 물론 "이렇게 해! 저렇게 해!"와 같은 주입식 교육이 필요할 때도 있습니다. 하지만 아주 세심하게 사임당의 아들 현룡처럼 엄마 이마에 손을 갖다 댄다든지, 자신보다 어린 동생을 보호하기 위해 새끼손가락을 내어 준다든지 하는 이런 모습은 주입식 교육이 아니라 평소의 엄마 모습을 그대로 따라했을 뿐입니다. 다시 말해 우리 아이들에게는 시키지 않아도 됩니다. 그저 자주 보여주기만 하면 됩니다.

여러분은 아이들에게 어떤 모습을 보여주시겠습니까? 앞으로는 내가 아이들에게 숙제검사를 맡아야 합니다. 평생 숙제가 하나 늘었지요? 이제 반대로 내가 아이의 행동을 따라 해서 서로간의 호감도와 신뢰도를 높여 볼까요?

아이가 박수를 치며 뛰어옵니다.

"엄마! 나 받아쓰기 100점 받았어."

엄마는 주방에서 설거지를 하고 있습니다. 설거지에 집중하느라 아이의 말에 대충 "어어~ 잘했네"라고 반응하고는 다시 그릇만 씻고 있습니다.

아이의 표정을 한 번 살펴볼까요? 시무룩해진 아이는 그냥 방으로 들어갑니다. 아이는 엄마의 칭찬을 받고도 왜 시무룩해졌을까요? 이유는 간단합니다. 엄마의 행동에서 진심이 느껴지지 않고, 호감이 느껴지지 않았기 때문입니다.

거울 뉴런을 제대로 이용하는 엄마라면 설거지 하느라 낀 고무장갑을 벗지도 않고 박수를 두세 번 치면서 "아주 잘했네"라고 할 겁니다. 아이는 신이 나서 말을 이어가죠. "지유도 90점 받았고, 민후도

80점밖에 못 받았는데, 나는 100점이야"라고요. 아이가 신이 난 이유는 무엇일까요? 바로 엄마의 박수 두세 번! 아이가 박수를 치면서 들어오는 모습을 본 엄마가 일부러 아이의 행동을 따라 해준 것입니다. 아이는 미러링하는 엄마를 보면서 신뢰를 느껴 '진심이구나'라고 생각하게 됩니다. 그러니 더욱 더 기분이 좋아질 수밖에요.

당장 옆에 누군가가 있다면 엄지손가락을 내밀어 보세요! 그리고 "완전 멋져!"라고 말해 보세요. 잠시 후 상대와 내 맘이 통한다면, 아니 서로 호감을 느끼는 사이라면 똑같이 엄지손가락을 들고는 "당신도 멋집니다"라고 답해 줄 것입니다.

제가 강의 중에 교육생들에게 파트너를 마주보면서 서로에게 한 손 엄지를 내밀어 보고, 이어서 두 손 엄지를 내밀어 달라고 행동하게 한 적이 있습니다. 사람들은 웃으면서 엄지를 내밀었습니다. 이때 제가 보고자 한 것은 한 손 엄지인지 혹은 두 손 엄지인지가 아닙니다. 한 손 엄지를 내밀어 달라고 하면 대부분의 사람들은 어디서 배운 것도 아닌데, 엄지를 세운 손을 위아래로 흔들기 시작합니다. 이를 보고 있는 상대가 무의식중에 미러링을 하는지 그렇지 않은지를 제가 관찰하게 되는 것이지요. 그러면 어떤 사람은 위아래로 함께 흔들어 주고, 어떤 사람은 네가 흔들든 말든 꼿꼿하게 고정적인 자세를 취하겠다고 무반응으로 일관합니다.

서로를 마주보고 신나게 흔들어주는 교육생이 많다면 오늘 교육은 미러링이 잘 되겠다고 미루어 짐작을 합니다만, 그런 교육생이 적다면 저와의 신뢰 그리고 저에 대한 호감을 주려고 더 많이 노력한답니다.

이렇듯 아이들이나 상대가 내 행동을 따라 한다면 서로 간에 신뢰가 쌓이고, 호감이 생기겠지요. 그런데 여기서 중요한 사실 하나! 그 행동은 아이나 우리에게 긍정적인 영향력을 행사하는 것이어야 합니다. 부정적인 행동을 따라 한다면 그것을 따라 하는 자체로 서로에게 신뢰와 호감은 쌓이겠지만 결국 좋은 결과로 남지 못할 것입니다. 그와는 반대로, 행동을 따라 해주는 것 하나만으로도 상대에게 얼마든지 호감을 살 수 있고, 그로 인해 나의 선한 영향력을 행사할 수 있게 되는 것이지요.

아무래도 부부가 닮아 간다는 것, 다시 말해 입맛이 닮고, 나이 들어가면서 모습까지도 닮아가는 것은 바로 서로에 대한 호감에서 나오는 것입니다. 닮아는 가되, 그리고 행동을 따라 해주되 사임당처럼 좋은 행동만을 따라 하길 바랍니다.

11
사임당처럼 – 인간관계어 사용하기

사임당이 혼자 바닷가를 걷고 있었습니다. 해가 수평선에서 솟아 오르고 있었는데 선녀가 나타나 사임당에게 아이를 안겨주고 사라졌습니다. 사임당은 '선녀가 직접 내 품에 아이를 안겨 주다니, 이 아이는 예사 인물이 아니다'라고 생각했습니다. 이것이 바로 우리가 아는 율곡, 즉 현룡의 태몽이었습니다.

예로부터 선녀가 나타나는 태몽은 길하다고 해서 모두들 '예쁜 아이가 태어난다'고 생각했지만 사임당은 이 꿈을 조금 다르게 해석했습니다. 자신의 몸가짐을 바로 하는 것은 물론 남편에게도 함께 태교하기를 권했습니다.

"서방님도 오늘부터는 아이의 태교에 저와 함께 해주세요. 아이가 어머니의 뱃속에 들긴 했으나, 서방님도 저와 같은 부모입니다. 지금부터 서방님도 말이나 행동을 조심해 주세요. 혹시나 양심에 꺼리는 일은 하지 마시고, 누구에게 저지른 잘못이 있다면 바로 사과하도록 하세요."

이렇게 사임당은 현룡의 태교를 '부부가 함께 하는 올바른 행동'으로 시작했습니다. 여기에서 중요한 한 가지는 사임당은 500여 년 전부터 주변 사람들이나 가족에게 인간관계어를 많이 사용했다는 점입니다. 다음 일화를 한 번 볼까요?

사임당은 뱃속의 아이를 위해 옛 성현의 글을 하루도 빠짐없이 한 줄이라도 통독하려고 노력했습니다. 이때도 혼자 책을 읽지 않고 남편이 있는 날에는 새벽녘에 남편을 깨워서 아이들에게 들리도록 함께 소리 내어 책을 읽었습니다.

사임당은 아들 선과 번을 불렀습니다.

"선아, 우리 선이는 글 읽기를 너무 쉽게만 생각하는 것 같아서 어머니가 걱정이구나. 모름지기 글이란 마음에 새기면서 꾸준히 읽어야 하는 것이란다. 그래야 우리 선이에게도 도움이 될 것이야. 그리고 우리 번이는 넓은 마음으로 동생을 돌보아야 하지 않겠니? 화가 나면 그 화를 누르는 법을 깨우쳐야 한다. 화를 누르는 법을 깨우치는 것도 마음의 공부란다. 어머니가 읽은 글 중에서 공맹孔孟의 글이 좋던데, 우리 선과 번이 공자와 맹자의 글을 잘 읽어 보았으면 하는구나."

위의 이야기들 속에서 사임당이 사용했던 '인간관계어'가 무엇인지 느낌이 오나요? 사람이 타인과의 관계를 맺으면서 저 사람과 나는 특별한 관계임을 느끼게 만드는 말을 우리는 인간관계어라고 합니다. 이 인간관계어를 잘만 사용하면 낯선 사람에 대한 거부감을 줄이는 것에 더해 나에 대한 안심감을 선물할 수 있습니다. 또 아이들에게는 사회성을 길러주고, 소속감과 특별함을 선물할 수 있습니다. '엄마와 너와의 관계는 매우 돈독해'라는 말을 이 인간관계어 하나로 끝내는 것이지요.

그럼 여기서 우리는 얼마만큼 인간관계어를 사용하고 있는지 간단한 테스트를 해보겠습니다. 여러분의 자녀, 부모님, 남편 등 누군가를 사랑스럽게 큰소리로 한 번 불러보시길 바랍니다. 〈TV는 사랑을 싣고〉라는 프로그램의 한 장면처럼 커튼 뒤에 여러분의 자녀, 부모님, 남편이 대기하고 있고, 큰 소리가 아니면 안 나온다고 하니까 목청 터지게 불러 보겠습니다. 대개의 경우 이렇게 부릅니다.

"아연아~, 여보~, 엄마~, 아버지~"

좀 더 사랑스러움을 가미한 경우 이렇게 부릅니다.

"사랑하는 아연아~, 사랑하는 여보~, 사랑하는 엄마~, 사랑하는 아버지~"

그런데 인간관계어를 사용하는 경우는 이렇게 부른답니다.

"우리 아연아~, 우리 사랑하는 여보~, 우리 엄마~, 우리 사랑하는 아버지~"

〈우리〉〈함께〉〈같이〉와 같은 밑들이 인간관계어입니다. 다시 말해 인간관계어는 너랑 나랑은 그렇고 그런 관계거든 하고 서로 연관되어 있음을 말해주는 말입니다. 어디서 많이 들어보지 않았나요? 바로 기업들의 캐치프레이즈에 많이 사용되는 말이기도 합니다.

한 기업에서 '우리의 꿈을 위해! 함께 2080!'을 기업 캐치프레이즈로 만들었습니다. 저는 이 기업의 캐치프레이즈에 사용된 '우리'와 '함께'라는 말에서 이 기업은 뭔가 다르겠구나 하고 느꼈습니다. 게다가 2080은 치약에서 많이 보던 숫자라 더 궁금했습니다. 참다못해 이 캐치프레이즈가 무엇을 뜻하는지 관계자에게 여쭈어 보았더니 대답은 의외로 간단했습니다. '우리의 꿈을 위해 다같이 20대의 열정을 80대까지 가져가자'라는 취지에게 그렇게 정했다고 합니다. 〈우리〉라는 말은 한 가족, 하나 되어 있음을 은연중에 알려주는 말이고, 〈함께〉라는 말 역시 기업에서도 너랑 나랑은 특별한 관계이고, 우린 하나이고, 우리는 같이 간다는 느낌을 주는 인간관계어입니다. 400명이 넘는 직원들을 하나 되게 만들려면 인간관계어 하나면 충분합니다.

실제로 건배사에서도 〈우리-함께-같이〉가 들어가는 말을 사용하면 서로 간의 관계가 더욱 돈독해지는 것을 느낄 수 있습니다. 예를 들어 "우리가"라고 선창하면 "남이가"라고 답을 하는 방식의 건배사가 있습니다. 그 건배사 뒤에는 '우리는 남이 아니다! 우리는 하나다!'라는 말이 숨겨져 있습니다. 또 대통령의 연설문을 들어보면 '우리-함께-같이'라는 말이 수도 없이 나오는 것을 알 수 있습니다. 직접 드러내지는 않지만 국민 모두가 하나라고 계속해서 표현하는 것이지요.

제가 어느 연수원에서 강의를 진행할 때의 이야기입니다. 그 날 강의를 일찍 마쳐달라고 반장님이 틈날 때마다 부탁하셨습니다. 연수가 2박3일 일정으로 진행되면 대개 2일차 저녁은 '캔 미팅'이라고 해서 약간의 음주가무가 있고, 또 그것을 눈감아 주기 때문에 어쩌면 반장님은 이 시간만을 기다려왔는지도 모릅니다. 마흔 명의 교육생들과 한 자리에서 인사를 나누는 자리가 아닌 술자리라니! 거기다 내일은 오전 교육만 하면 집으로 돌아갈 수 있기에 마음의 부담도 그만큼 줄어듭니다. 그런 즐거운 자리를 조금이라도 일찍 시작해서 가늘고, 길게, 오래, 함께 있고 싶은 바람이 느껴졌습니다. 하지만 강의시간을 정확히 지켜야 하는 저로서는 딱 잘라 안 된다고 말했습니다.

마지막 교육시간을 한 시간 앞둔 그때, 반장님이 손을 번쩍 들고 정중히 부탁하는 것입니다.

"우리 강사님! 오늘도 벌써 한 시간밖에 남질 않았네요. 오늘 조금만 일찍 마치고 함께 쉬면 안 될까요? 있다가 저희 캔 미팅 있는데 같이 자리하셔도 됩니다."

눈치 채셨나요? 저 문장에 〈우리−함께−같이〉라는 인간관계어가 모두 들어 있습니다. 어쩐지 우리는 하나인 것 같고, 내가 일찍 마치고 같이 캔 미팅에 가야만 할 것 같고, 결과적으로 저도 2박3일간 이들과 같이 교육을 받는 교육생 같은 이 느낌! 이 교육시간이 마치 '내 것인 듯 내 것 아닌 내 것 같은' 시간이었습니다. 저도 모르게 "어, 어, 네…" 하고 조금 일찍 마쳤던 기억이 있습니다. 이렇듯 인간관계어는 마력을 발휘합니다.

한 번은 마트 입구에서 어린 꼬마가 뭐라고 중얼중얼하길래 가까이 가서 무슨 말인지 들어봤습니다. 우리 엄마, 우리 집, 우리 동네, 우리 차, 우리 학교, 우리 반, 우리 선생님, 우리 나라… 〈우리〉라는 말을 하고 있는 꼬마의 입 꼬리가 하늘 높은 줄 모르고 올라가 있었습니다. 마치 모두가 내 것 같은 느낌! 그래서 안정된 느낌! 이상하게 연결고리로 연결되어 있는 듯한 묘한 느낌을 받은 것이겠지요. 그런데 이 꼬마뿐만이 아니라 우리도 이 말에 많이 노출되어 있고, 모두가 연결되어 있는 듯한 느낌을 많이 받습니다. 우리도 모르는 사이에 말이지요.

TV 채널을 돌려 보시겠습니까? 당장 채널 6번이나 8번, 12번을 돌려보면 느끼실 겁니다. 이 채널 6번과 8번, 12번의 공통점부터 찾아보겠습니다. 네, 그렇습니다. 바로 홈쇼핑 채널입니다. 내가 지상파 방송 채널인 5번을 보다가 같은 지상파 방송인 7번으로 돌리려면 어디를 거쳐 가지요? 홈쇼핑 채널인 6번을 거쳐 가게 되어 있습니다. 그때 6번에서 자주 들리는 말! 무엇일까요? 마감 임박, 아닙니다. 한정 판매, 아닙니다. 55사이즈 매진, 아닙니다. 우리가 정말 자주 듣는 말은 바로 이 말입니다.

"우리 고객님께서 인정해주신, 우리 고객님들이 제일 잘 아실 거예요, 같이 입어주기만 하면 멋쟁이 소릴 듣고, 함께 걸쳐만 주셔도 20대로 보일 거예요."

채널만 돌려도 들리는 그 인간관계어! 우리는 자신도 모르는 사이에 인간관계어에 물들게 되고, 결국 A홈쇼핑과 인간관계어의 늪에 빠지게 되는 것입니다.

실제로 보험설계사들도 이 인간관계어를 많이 활용하고 있습니다. A화재보험 상담사와 B손해보험 상담사 두 분을 만난 고객의 이야기입니다. A화재보험 상담사와 상담을 한 고객! "우리 고객님이 이 보험에 가입만 하시면, 우리 고객님이 받으실 수 있는 혜택이, … 하고, … 하게 됩니다. 같이 한 번 고민해 보고 함께 탁월한 선택을 했으면 해요"라고 거의 숨도 제대로 쉬지 않고 말을 이어갑니다.

기분 좋게 나온 고객은 다시 B손해보험 상담사를 만나게 됩니다. B사 상담사 역시 달변으로 "…고객님께서 선택을 하시면 됩니다. 고객님께서 일단 생각을 해보시고, 말씀을 해주세요"라고 말합니다. 내일 오전까지 반드시 선택해야만 할 것 같습니다.

여러분이 만약 고객이라면 어떤 선택을 하실까요? 대다수의 여성들은 꼼꼼히 따져봐서 손해 없고 이득이 많은 상품으로 선택할 거라고 생각합니다. 하지만 실제로는 〈우리-함께-같이〉라는 인간관계어를 많이 사용하는 보험사를 선택하는 경향이 있습니다. 왜냐고요? 이상하게 '내 것인 듯 내 것 아닌 내 것 같은' 보험처럼 느끼게 되는 것이지요. 이 인간관계어 하나 때문에요.

저도 강의 중에 인간관계어를 많이 사용합니다.

"우리 봉수 씨가 큰소리로 읽어 줄래요?"

"저와 함께 보내는 이 두 시간이 여러분의 미래를 좌우할 수 있습니다."

"옆에 있는 파트너와 같이 호흡을 맞춰서 진행해 주시기 바랍니다."

제가 사용하는 말의 비밀, 이제는 보이시죠?

사임당도 아이들을 부를 때 "우리 매창이는, 우리 선이는, 우리 번이는"이라고 했고, 남편에게도 "태교를 함께 해주세요"라고 말했습니다. 〈우리, 함께〉라는 말을 즐겨 사용한 것이죠.

제가 인간관계어는 소속감을 준다고 말씀드렸지요. 시장선거 유세를 하고 있는 한 남자! 그 남자는 '우리가, 우리 모두, 우리 함께, 우리 같이'라고 인간관계어만 지속적으로 사용하고 있습니다. 그런데 길을 가던 행인들이 여러 번 뒤를 돌아봅니다. 이유는 간단하지요. 내 귀로 들은 언어가 인간관계어니까요!

인간관계어를 많이 듣고 자란 아이들은 왕따와 거리가 멀어집니다. 〈우리, 함께, 같이〉는 공동체 소속감을 주고, 사회성을 발달시켜 줍니다. 나와 타인과의 거리를 조정할 수 있게 되고, 소속감과 공동체의식을 함께 기를 수 있습니다.

남편을 부를 때도 마찬가지입니다. 그냥 '누구 아빠!'보다는 '우리 남편!'이라고 불러보면 어떨까요? 내가 남편에게 사용하는 단어는 우리 아이들이 듣게 되고, 우리 아이들에게 사용하는 단어는 남편이 들게 됩니다.

　서로에게 긍정적인 영향을 주는 인간관계어! 지금부터 남편과 아이, 혹은 나를 만나는 모든 이들에게 사용해 보면 어떨까요?

12
사임당처럼 - 긍정적 동의어 사용하기

사임당과 딸 매창이 함께 앉아 그림 이야기를 하고 있었습니다.

"어머니, 저는 그림을 그릴 때 풀과 나무들이 자란다고 생각하면서 그려요."

"아, 그렇구나! 어쩐지 우리 매창이 그림을 보면 그림에서 나무와 풀들이 자라는 듯 했단다."

이런 사임당의 긍정적 대화법은 아들 선과의 대화에서도 묻어납니다.

"어머니, 저는 배우는 사람이 가장 중요하게 여겨야 할 덕목이 의로움과 이로움을 구별하여 의를 따르는 것이라 생각합니다."

"맞는 말이다. 자신의 이익을 바라지 않고, 의로운 행동을 하여라. 그렇게 하면 자연스럽게 믿음을 얻게 될 것이야."

사임당은 아이들과의 대화에서 주로 긍정적 동의어를 사용했습니다. 결국 아이들은 어머니가 나와 같은 생각을 하고 있고, 내 말에 긍정적인 답변을 하고 있다고 느끼게 됩니다.

이제 긍정적 동의어에 대해 말씀드리겠습니다. 〈좋아요, 맞아요, 그래요〉 이 세 가지 말이 긍정적 동의어입니다. 언제 어디서든 저는 당신의 말에 동의하고 있다는 뜻이지요.

저도 강의 중에 이 말을 자주 사용합니다. 결국 타인과의 언쟁을 피할 수 있는 예방주사가 되는 셈이지요. 한 번은 어느 교육생이 말했습니다.

"강사님! 오늘 조금 일찍 마쳤으면 좋겠어요. 어제 강사님은 5시 40분에 마쳐주셨습니다."

듣고 보니 저도 그 시간에 마쳐야 할 것 같았습니다. 하지만 교육 들어오기 전에 담당자로부터 오늘은 강의평가가 진행돼야 하니 5시 55분에 마쳤으면 좋겠다는 메시지가 있었습니다.

난감한 처지의 제가 그때 사용했던 표현법이 바로 긍정적 동의어였습니다.

"네, 좋습니다. 저도 5시 40분에 마치고 싶어요. 그런데 오늘 강의평가가 55분에 준비되어 있어서 제가 일찍 마칠 수 없네요. 그렇지만 최대한 빨리 해볼 게요. 그건 괜찮지요?"

이 위기의 순간을 넘길 수 있었던 긍정적 동의어! 스스로 매료될 수밖에 없었습니다.

아이들은 상상의 나래를 펴는 말을 자주 하지요. 제가 아는 소윤이는 엄마가 박사학위를 가지고 있는 소위 엄친딸입니다. 어린 소윤이는 수박씨를 먹으면 배에서 수박이 자란다고 생각했습니다. 그리고 엄마에게 말하지요.

"엄마! 수박씨를 먹으면 배가 이렇게 커져요?"

아이의 말이 채 끝나기도 전에 엄마가 말합니다.

"아니야, 소윤아! 수박씨 먹어도 돼."

박사 엄마는 아이의 말을 듣기보다 자르는데 익숙해 보이지 않나요? 어린 소윤이는 점점 변해갑니다. 말을 꺼내다가도 엄마가 "안돼! 아니야!" 그럴까봐 점점 말수가 줄어갑니다.

엄마는 그런 소윤이를 알까요? 엄마의 커뮤니케이션도 습관입니다. 그래서 자신은 알 수가 없지요. 늘 내가 하던 대로 말했을 뿐인데, 소윤이는 표현력을 점점 잃어갑니다.

강의 중에 "제 혈액형이 뭘까요?" 하고 질문하면, 여기저기서 "A형요! B형요! AB형 같은 데요? O형 같아요" 여러 가지 대답이 이어집니다.

그럴 때 저는 "A형요? 땡! 틀렸습니다. B형? 노노노! AB형 아닙니다!" 라고 답을 하고, 교육생들에게 방금 저의 답이 어땠는지 물어봅니다. 그러면 하나같이 기분이 언짢았다고 답을 하지요. 왜냐고요? 제가 말문을 "땡! 노노노! 아닙니다!"로 딱 잘라 대답했기 때문입니다.

그래서 다시 교육생들에게, 제 혈액형을 물을 테니 조금 전과 같이 말해 달라고 부탁합니다. 앞쪽에서 "A형"이라고 말하면 "맞아요! 제가 A형처럼 약간의 소심한 구석이 있긴 해요. 그렇게 보이기도 하나 봐요"라고 답하고, 저쪽 뒤에서 "B형인 것 같다"고 말하면 또 이렇게 대답합니다. "제가 B형처럼 성격이 좀 깔끔하긴 해요." 이번엔 중간 즈음에서 "AB형 같다"는 대답이 나옵니다. 제가 받아친 대답은 "그래요! AB형이 천재라고 하던데 저의 천재적인 모습을 한눈에 알아보셨네요"입니다.

그리고 조금 전과 다른 저의 말이 어땠는지 물어보면, 이상하게 기분이 나쁘지 않은 게 신기하다며 놀라워합니다. 소윤이 엄마도 이처럼 긍정적 동의어를 사용해 줬다면 소윤이의 표현력은 줄어들지 않았을 겁니다.

자! 우리가 여기에서 멈추면 안 되겠지요? 배운 것들은 바로 활용해야 합니다. 사임당이 선과 번과 매창에게 했던 긍정적 동의어를 직접 활용해보겠습니다. 아이가 어떤 말을 하든 "좋아" "그렇구나" "맞아"라고 말문을 여는 겁니다. 남편의 말에도 이처럼 긍정적 동의어로 시작합니다. 무조건 "아니야! 못해! 안 돼!"라고 하기보다는 긍정적 동의어로 먼저 답하는 연습을 지금 여기서 시작해 보겠습니다.

지금까지 이 책을 읽으면서 많은 도움이 되셨나요?

"네, 그래요. 많은 도움이 됐어요."

이런 식으로, 입으로 운을 떼는 연습이 변화의 시작입니다.

저는 강의의 마지막을 이렇게 장식합니다.

"여러분! 벌써 두 시간이 지나갔습니다. 여러분과의 즐거운 시간을 여기서 마무리하게 돼서 너무 아쉬워요."

그럼 교육생들이 뭐라고 답을 해주실까요?

"네, 맞아요! 저희도 너무 아쉬워요."

그들은 아쉽다는 제 말에 긍정적으로 동의를 해주고, 그래서 저는 더 진한 아쉬움을 간직하게 됩니다. 이런 긍정적 동의어의 효과로 제가 더 활기차게 강의를 이어가고 있는지도 모르겠습니다.

13
사임당처럼 - 자녀의 성향에 맞추기

　사임당은 슬하에 7남매를 두었습니다. 예나 지금이나 우리 어머니들은 자녀들의 재능에 관심이 많은 것 같습니다. 사임당 역시 아이들을 유심히 관찰하고, 각각의 재능을 알아내어 그 재능에 맞춘 각기 다른 교육법을 활용했습니다. 사임당은 당시 어떤 방법으로 아이마다 다른 교육법을 활용했을까요?

　사임당은 맏아들 선이 건강이 좋지 않은 관계로, 글공부를 할 때 오래 앉아 있지 못하고 자주 피곤을 호소하는 모습을 보았습니다. 또 둘째아들 번은 글공부보다는 밖에 나가 놀기를 좋아한다는 것을 발견했습니다. 이에 반해 셋째아들 현룡은 평소에 사물을 관찰하는 능력이나 집중력이 뛰어나고, 글공부를 좋아해서 많은 문장을 기억하고 있다는 것을 기록해 두었습니다. 큰딸 매창은 자신을 닮아서인지 풀과 나무들을 좋아하고, 그림으로 무엇인가를 표현하기를 좋아했습니다.

이렇게 아이들의 각각 다른 성향을 한눈에 알아보았던 사임당은 맏아들 선을 불렀습니다. 선에게는 길지 않지만 좋은 내용을 담은 공자나 맹자의 글을 읽도록 했습니다. 번에게는 마음공부를 시키기 위해 주로 형제의 우애나 사람의 근본을 가르치는 글귀들이 있는 책을 읽게 했습니다. 표현력이 뛰어났던 매창에게는 붓과 물감을 사서 그림을 그리도록 도와주었습니다. 또 자신이 수를 놓을 때 매창을 불러 밑그림을 그리도록 했습니다. 집중력과 관찰력이 뛰어났던 현룡에게는 이 두 가지 성향에 더해 판단력을 갖추게 하기 위해 사서삼경四書三經을 읽히고, 자신의 생각을 문장으로 표현할 수 있도록 가르쳤습니다.

우리도 사임당처럼 아이들의 성향에 맞는 교육법을 시작해야 합니다. 그 전에 반드시 해야 할 일이 있습니다. 사임당은 아이들에 대한 관심과 예리한 관찰력을 기반으로 아이의 재능에 맞는 교육법을 선택했습니다. 하지만 내 자식이니 관심은 이미 충만하고 이제 관찰력을 기르면 되는데, 대다수의 엄마사람은 객관성이 떨어진다는 우스갯소리가 있습니다.

저도 강의 중에 진단지를 자주 활용하는데 자가 진단지(자신이 직접 자신을 진단하여 체크하는 진단지)는 사용을 꺼립니다. 대신 타인 진단지(타인이 좀 더 객관적인 시각으로 자신을 판단해 주는 진단지)를 적극 활용합니다. 왜냐하면 우리나라 사람들은 쉽게 기분에 좌우되어 본인의 기분이 좋으면 자가 진단 평가가 좋게 나오고, 본인의 기분이 좋지 않으면 그것이 좋지 않게 나오기 때문입니다.

엄마사람 역시 내 아이에 대한 무한사랑 때문에 객관적인 기준으로 자신의 아이를 평가하는 것이 어렵다는 이야기입니다. 때로는 엄마사람의 희망사항에 너무 몰입해서 아이의 재능을 높게 평가하는 경향이 있습니다. 여러분만큼은 내 아이이기에 더욱 더 객관적인 눈으로 평가해 주셨으면 합니다.

다음은 어느 두 엄마사람의 대화입니다.

"우리 애는 다섯 살인데 벌써 영어로 말을 해. 아무래도 언어 지능이 뛰어난가 봐!"

"그래! 그럼 5개 국어가 가능하게 영어 마스터시키고, 그 다음에 중국어, 일본어, 스페인어까지 순서대로 시키면 되겠다."

정말 언어 지능이 뛰어나면 5개 국어가 아닌 10개 국어도 가능할 테지요. 하지만 조금 더 객관적인 눈으로 보고, 조금 더 관심을 기울이면 언어 지능과 신체 지능, 혹은 감성 지능이 함께 어우러져 두각을 나타내는 분야를 발견할 수 있을 겁니다. 다시 말해 나무를 보느라고 숲을 보지 못하는 안타까운 상황이 여기서 그만 멈춰 주길 바란다는 뜻입니다. 엄마가 보는 재능도 있지만, 제대로 된 관찰은 아이 스스로 잘한다고, 또 재미있다고 여기는 것을 발견해줘야 긍정적인 결과를 가져올 수 있습니다.

14
사임당처럼 - 덥석와락 스킨십 활용

어릴 때 학교에서 채점이 끝난 시험지를 받아든 날은 집에 가기가 두려워 발걸음이 점점 느려지고, 해질녘이 다 돼서야 집으로 들어갑니다. 엄마는 시험지를 뚫어져라 쳐다봅니다. 그리고 조용히 무릎을 꿇어 저와 눈높이를 맞추고는 제 양손을 잡고 말씀하십니다.

"유진이가 정말 열심히 했구나! 그런데 엄마랑 같이 공부했던 부분을 틀렸구나. 이번에는 틀렸어도 다음에는 꼭 틀리지 않도록 하자!"

그때 가장 무서웠던 것은 엄마의 강렬한 눈빛이 아니었습니다. 약간의 힘이 실려 있는 엄마의 따뜻한 손이었습니다. 그 손이 말해 주는 교훈은 당시 제가 느끼기에 "이건 중요한 거야! 이건 엄마의 관심이야!"였습니다.

그런 느낌은 한두 번이 아니었습니다. 어느 날엔가는 미미 인형을 사주지 않는 엄마와 기싸움으로 제가 떼를 쓰며 울고 있습니다. 팔다리를 흔들며 울다가 결국 바닥에 드러누워 울고 있는 저를 엄마는 일으켜 세웁니다. 제 두 손을 꼬옥 쥐고 제 눈을 똑바로 바라보며 말합니다.

"엄마가 레이디 사줬어, 안 사줬어? 레이디 산 지 얼마 안 됐지? 그럼 레이디 가지고 놀아야지, 있는데 또 사면 돼, 안 돼? 그럼 이렇게 시끄럽게 떼쓰면 안 되지? 눈물 그칠 거야? 소리 안 지를 거지? 그럼 엄마가 다음에 미미 사줄 게. 유진이가 선택해! 여기서 계속 울 거야, 아니면 울음 그치고 다음에 엄마가 미미 사줄까?"

무엇보다 제 손을 꼬옥 쥐고 있는 엄마의 손이 무서웠습니다. 손으로 따스함을 전해 주기도 하고, 손으로 저를 제압하기도 했기 때문입니다

사임당은 아이들에게 무슨 말을 할 때나 칭찬해줄 때는 손을 잡거나 머리를 쓰다듬어 주었습니다. 아버지 이원수도 아이들에게 다정다감하기는 마찬가지였습니다.

어느 날 아버지가 아들 현룡과 함께 글공부를 하고, 나들이를 나갔다가 지금 살고 있는 마을에 대해 이런저런 설명을 해주었습니다.

"현룡아, 율곡리는 우리 선조들이 살아온 마을이란다. 아주 운치가 있는 고향을 보니 감응이 어떠하냐?"

현룡은 그때 마을을 본 느낌을 시상으로 정리하여 〈화석정花石亭〉이라는 오언율시 한 편을 지었습니다.

〈화석정花石亭〉

숲 속 정자에 가을이 깊어

시인의 가슴에 생각은 끝없네

저 멀리 물과 하늘이 맞닿아 푸르고

서리 맞은 단풍은 햇빛 아래 붉게 타네

산은 외로이 뜬 둥근 달을 뱉어내고

강은 멀리서 불어온 바람을 머금었네

기러기는 어디로 날아가는지

울음소리 끊어져 구름 속에 잠기네

花石亭(화석정)

林亭秋已晚(임정추이만)

騷客意無窮(소객의무궁)

遠水連天碧(원수연천벽)

霜楓向日紅(상풍향일홍)

山吐孤輪月(산토고윤월)

江含萬里風(강함만리풍)

塞鴻何處去(새홍하처거)

聲斷暮雲中(성단모운중)

아버지는 여덟 살 현룡이 지은 시를 다 듣고는 아들의 손을 꼬옥 잡으며 자신의 진심을 전했습니다.

"우리 아들, 참 장하다. 그래 이대로만 자라다오. 참 고맙다!"

우리도 스킨십을 잘하는 사람들을 보면서 입버릇처럼 "쟤는 사랑을 많이 받고 자랐나 봐"라고 말하지 않습니까? 또 젊은 여성들이 남편감을 고를 때에도 이런 말을 주로 합니다.

"우리 남친이 어제 우리 엄마를 만났거든. 근데 처음 만났는데도 마치 자기 엄마처럼 '어머니~' 하고 안아주더라고. 완전 가정적인 남자지? 응?"

스킨십 하는 모습만 보고도 우리는 그가 많이 사랑받으며 자랐고, 또 결혼하면 무척이나 가정적일 것이라 판단할 수 있습니다. 그만큼 중요한 것이 스킨십입니다. 우리는 아이들에게 그 스킨십을 제대로 해주고 있는 걸까요?

우리 아이들은 엄마의 따뜻한 체온을 끊임없이 느끼고 싶어 합니다. 울다가도 엄마가 안아주거나 업어주면 언제 그랬냐는 듯 울음을 그칩니다. 또 잠투정을 부리는 아이에게 팔베개를 해주거나 배를 토닥토닥 두드리며 나지막한 목소리로 자장가를 들려주면 금세 잠이 듭니다. 또 잘했다고 머리를 쓰다듬어주거나 하이파이브를 해주면 아이들은 엄마의 체온을 느끼기 위해서라도 착한 일을 하려고 노력합니다.

그랬던 아이들이 성장해가면서 중2병을 겪고, 또 사춘기로도 모자라 늦춘기까지 겪는 이유 중 하나가 제 생각에는 엄마의 체온을 느낀

지 너무 오래되어서가 아닌가 싶습니다. 여기 제가 상담했었던 일례를 들어 보이겠습니다.

중학교 3학년 딸을 둔 경민 씨는 요즘 딸아이와 공감대 형성도 어렵고, 아이의 비위를 맞추기도 어렵다고 고충을 토로합니다. 바쁜 아침시간에 허둥지둥 밥을 먹고 등교를 준비하는 딸의 눈치를 먼저 살핍니다. 드디어 현관으로 딸아이가 이동을 하고, "은서야, 공부가 힘들어도 조금만 더 힘내"라며 안아주려는 순간! 어떤 일이 벌어졌을까요? 은서도 "엄마, 저도 많이 사랑해요"라고 말하며 안기는 장면을 상상하셨나요? 하지만 실제로 벌어진 일은 엄마의 행동에 은서가 화들짝 놀라 뒷걸음질쳤고, 그 뒤에 엄마가 들어야 했던 말은 더 충격적입니다.

"왜 그래, 엄마? 담부턴 나 만질 때 먼저 말 해줄래?"

에이 설마~ 하시는 분들 계시지요? 주변을 잘 관찰해 보세요. 요즘은 마트에 가도 엄마가 중학생 딸과 친구처럼 나란히 걷지 예전처럼 손을 붙잡는다거나 팔짱을 끼는 장면이 흔치는 않습니다.

딸아이로부터 들은 말의 충격으로 경민 씨의 눈에는 눈물이 끊이지 않습니다.

'내 배 아파 낳은 은서가, 그렇게 엄마 껌딱지였던 은서가 이제 나를 멀리하네. 옛말 틀린 게 하나도 없어! 품 안의 자식이라고…'

흐느끼는 그녀의 어깨 위로 남편의 손이 토닥토닥을 말하고 있습니다. 마치 초등학생이 손에 쥐고 있던 맛난 과자를 뺏긴 것 마냥 경민 씨는 소리 내어 엉엉 울고 있습니다. 남편의 말없는 손 토닥 위로 가 그녀로 하여금 속 시원히 울 수 있도록 체온으로 전달되었기 때문입니다.

그럼, 은서와 경민 씨는 뭐가 문제였을까요? 은서의 초등학교 시절로 되돌아가 봅니다. 은서는 배냇머리를 길러 유난히 긴 머리카락을 어떤 날은 위로 삥 둘러 땋아 달라, 또 어떤 날은 길게 한 가닥으로 묶어 달라 이런저런 요구가 많았지요. 워킹맘이었던 경민 씨는 아침시간이 늘 정신이 없던 터라 아이의 머리를 정성스레 만져주지 못했습니다.

그러던 어느 날, 엄마는 너무 바쁜 나머지 아이에게 짜증 섞인 말을 내뱉고 말았습니다.

"그냥 풀고 가든지, 아니면 은서가 묶으면 안 되니?"

그 날 이후부터 은서는 엄마에게 머리를 해달라고 조르지 않고 혼자서 묶고 등교를 했고, 엄마는 편한 나머지 오히려 대견해 하며 별 개의치 않았습니다. 게다가 경민 씨가 칭찬을 한답시고 "은서가 머리를 그렇게 풀고 다니니까 엄마는 진짜 편해"라고 말했습니다. 하지만 은서는 칭찬을 듣고 돌아서서 눈물을 닦았습니다. 제가 상담하면서 만난 은서는 이렇게 말했지요.

"선생님. 저는 어릴 때부터 엄마가 땋아주는 머리가 맘에 들지 않았어요. 엄마는 늘 바쁘고, 제가 엄마의 손길을 느낄 수 있는 유일한 시산이 머리를 해주는 시간이었지만요."

그렇습니다. 은서가 바란 것은 엄마의 따뜻한 체온이었습니다. 아무것도 모른 채 긴 시간이 흘러 갑자기 엄마가 체온을 전달하려 하자 은서가 움찔 놀라는 것은 당연한 일일 것입니다. 그래서 제가 경민 씨에게 알려준 방법은 엄마가 너의 섭섭함을 알고 있고, 노력하겠다는 의사를 전달하라고 권했습니다.

중학생이면 말이 통하는 나이입니다. 엄마가 진심으로 미안해하고 있음을 느낀 은서는 조금씩 마음을 열기 시작했고, 상담이 시작된 지 세 달쯤 지났을 때에는 둘에게 한 가지 사항을 추가했습니다. 은서와 경민 씨가 의견이 일치했을 때 둘만의 손동작 세리머니를 만들라는 것이었습니다. 단순한 하이파이브를 넘어 주먹을 가볍게 부딪치고, 손을 펴서 비비고, 엄지로 하늘을 찌르고! 진정 엄마의 체온이 기쁨으로 전달되는 순간입니다. 저는 이를 '덥석와락법'이라고 합니다. 손부터 덥석 잡고, 그 다음으로 와락 껴안아주면서 내 체온과 진심을 전달해주는 소통법입니다.

우리도 지금부터 아이와 교감할 수 있는 손동작을 한 번 만들어 볼까요? 물론 아이와 잘 통하는 엄마는 쉽게 만들고, 또 금방 적용할 수 있을 겁니다.

손동작 세리머니를 만들 때 알아두면 좋을 몇 가지 팁을 드리겠습니다.

● 주먹 하이파이브 – 상대방에게 잘했다는 의미를 전달해주는 표

현 또는 우리가 뜻이 맞는다, 동의한다는 유대감을 표현해주는
방법.

- 손바닥 하이파이브 – 축하한다는 의미 혹은 기쁨을 나눈다는 의미
로 '손뼉 맞장구'라고도 합니다.
- 새끼손가락 걸기 – 새끼손가락은 약속하는 의미로 사용됩니다.
그래서 아이가 느낄 때는 엄마랑 한 약속을 잊지 말아달라는 뜻
으로 해석하기도 합니다.

엄마랑 혹은 아빠랑 하는 손동작 세리머니는 다른 가족들에 비해
우리 가족이 서로에 대한 스킨십이 강하다는 자부심으로 아이에게
남겨질 수 있습니다.

이처럼 아이에게 훈육할 때에도 눈높이를 맞추고, 손을 잡고 따뜻
한 체온을 전달하면 훈육의 효과가 더욱 오래 가게 됩니다. 아이는
'엄마가 하지 말라고 진심으로 말을 하는구나' 혹은 '엄마가 진짜 화
가 났어. 엄마를 더는 실망시키지 말아야지'라고 생각한답니다.

이때 주의할 점은, 아이와 교감하는 손이 아이의 눈 위로 올라가
서는 안 된다는 점입니다. 아이의 머리를 쥐어박는 듯한 느낌이 되어
아이에게 두려움으로 이어질 가능성이 있기 때문입니다. 무릎을 꿇
고 눈높이를 맞춘 뒤에 아이의 손이나 어깨를 감싸고 체온을 전달하
면서 진심을 표현해 주셔야 합니다.

이 스킨십에도 순서가 있으니 '와락-덥석'이 아니라 '덥석 후에 와

락'인 것을 꼭 기억해 주시기 바랍니다. 다시 말해, 작은 행동을 실천하고 이어 큰 행동으로 옮겨 가라는 이야기입니다. 아이에게도 준비할 시간을 주셔야 합니다. 부모님의 스킨십을 거부감 없이 받아들일 수 있는 마음의 시간을 말입니다.

엄마와 딸 사이뿐만 아니라 아빠와 딸의 관계도 요즘 뜨고 있는 문제입니다. 우스갯소리로 아빠가 중학생 딸을 뒤에서 와락 꺼안았을 때의 행동으로 딸과 아빠의 친밀감 혹은 유대감의 정도를 파악할 수 있다는 말도 있는데요, 아빠가 딸아이를 뒤에서 와락 꺼안았을 때의 행동을 살펴보겠습니다.

① 소리를 지르며 깜짝 놀란다.
② 무덤덤하다.
③ 나를 안아준 아빠의 손 위에 살포시 자신의 손을 포갠다.

약간의 과장이 있음을 다시 한 번 밝혀드립니다. ①은 아빠와의 친밀감 혹은 유대감이 전혀 없는 상태라 볼 수 있고요, ②는 유대감이 있긴 하지만 미미한 수준입니다. 스킨십을 자주 하나 진심이 느껴지는 스킨십이 아니었다는 결과입니다. ③은 아빠와 딸 사이를 엄마가 질투할 정도로 친한 사이라고 하네요.

우리 어머니들은 혹시 결혼식에서 친정아버지의 손을 잡고 식장에 들어가던 자신의 모습을 기억하십니까? 제 경우를 예로 들어 보겠습니다. 저는 어려서부터 아버지와 그다지 친하지 못했습니다. 제게 아버지란 존재는 가까이 하기엔 너무 먼 당신이었습니다. 늘 나무라셨던 아버지, 그리고 늘 다독여 주셨던 어머니로 기억이 납니다.

그런데 아버지와 기억나는 스킨십이 딱 하나 있습니다. 아버지 회사의 워크숍에서 유치원생이었던 제가 졸음을 이기지 못하고 깊은 잠에 빠져 들고 말았습니다. 그리고 아버지 품에 안겨 집으로 돌아오면서 잠결에 털썩털썩 움직이는 제 다리를 보았습니다. '아, 따뜻한 아빠의 품이구나!' 하고 안심한 저는 다시 잠들었던 기억이 납니다. 그때 이후로 아버지와는 손을 잡아본 적도 없었던 것 같습니다.

그리고 결혼식에서 마침내 아버지 손을 잡고 신부 입장을 합니다. 그렇게 아버지를 떠나 한 남자의 품으로 갔습니다. 물론 전날 아버지와 손을 잡고 "딴딴딴따~" 하고 웃으면서 입장 연습을 했습니다. 웃음 뒤에 감춰진 쓸쓸함이 결혼식 스냅 사진에 고스란히 남아 있습니다.

그땐 미처 몰랐지만, 저도 늘 아버지와의 스킨십이 그리웠나 봅니다. 그래서 결혼식 사회자에게 몰래 부탁을 했습니다. 신부 입장 전에 아버지의 볼에 입맞춤할 수 있는 시간을 달라고. 그때가 아니면 사랑하는 아버지에게 제가 언제 또다시 스킨십을 할 수 있을까 하는 생각이었습니다.

하지만 지금 저는 오히려 덥석와락법으로 소통하면서 아버지의 팔짱을 끼고, 또 손을 잡기도 합니다. 제가 살아 있는 동안 진심을 다해 부모님께 저의 체온을 전달해드리고 싶습니다.

15
사임당처럼 - 덕분에 화법

우리는 평소 "덕분에"라는 말을 잘 하지 않는 것 같습니다. 아이들에게 그냥 "고마워"라고 하기보다는 "지민이가 서연이를 잘 돌봐준 덕분에 엄마가 편히 일할 수 있어. 정말 고마워"라고 표현해 줘야 합니다.

물론 무턱대고 하는 "고맙다"거나 "네 덕분에"라는 말은 건성으로 들릴 수도 있습니다. 밤늦게까지 공부하는 아이에게 다가가 어깨를 토닥토닥 다독이며 따뜻한 체온과 함께 "열심히 공부하는 민우 덕분에 엄마는 마음이 참 든든해"라고 말해 주세요.

우리 주변에서 쉽게 찾아볼 수 있는 몇 가지 사례를 살펴볼까요.

● 태권도 학원을 다녀와 연습하는 지민이를 본 엄마의 덕분에 화법

예 "태권도를 열심히 하는 지민이 덕분에 엄마가 안심할 수 있

어서 좋아!"

- 스스로 이를 닦는 서연이를 본 엄마의 덕분에 화법

  예 "혼자서도 이를 잘 닦는 서연이 덕분에 엄마가 아침이 편해
     졌어."

- 아침에 일어나기 힘들어 하는 지연이가 스스로 일어났을 때의 덕분에 화법

  예 "지연이가 이렇게 일어나 준 덕분에 엄마의 아침이 행복한 걸."

사실 처음 한 번이 어렵지 반복적으로 연습하다 보면 만나는 사람들에게 "덕분에"라고 쉽게 이야기할 수 있을 정도로 습관화되어 버립니다. 이 "덕분에"를 습관화하기 위해 '덕분에 돌멩이'를 들고 다닌 한 여성의 사례를 통해 우리 입에도 "덕분에"를 달고 살 수 있도록 한 번 배워봅시다.

바다를 좋아하는 은아 씨는 소녀 감성의 워킹맘입니다. 신혼의 달콤함은 잠시였고, 육아에 몸도 마음도 지쳐 하루하루 어디론가 끝없이 가라앉고 있습니다. 아이들과의 전쟁에서 매일 패배하는 자신이 싫어진 어느 날, 삶에 지친 피로도 풀 겸 휴가를 내어 근처 바닷가로 달려갔습니다.

철썩철썩 파도가 부서지는 바위를 보면서 문득 세상의 풍파에 맞

서 살아가는 자신이 마치 파도에 닳아가는 바위 같다는 생각이 들어 더 서글퍼졌습니다. 그때 발아래 깜찍하고 예쁜 돌멩이 하나가 눈에 들어왔고, 하얀 돌멩이가 마치 보석 같은 느낌이 든 은아 씨는 그것을 주워 주머니에 넣어두었답니다.

일상으로 돌아와 주머니 속의 작은 돌멩이를 까마득히 잊고 있다가 세탁을 하려고 주머니를 뒤지는데 뭔가 만져져서 꺼내보니 그 하얀 돌멩이였습니다. 은아 씨는 문득 그 날 바닷가를 추억하며 "이 돌멩이 덕분에 그때 보석을 얻은 기분이었어. 돌멩이야, 고맙다!" 하고 웃고 있는 자신을 발견했습니다. 그리고 작은 돌멩이 덕분에 그때 내가 행복했으니, 그것을 잘 보이는 곳에 놓아두었습니다. 그 후 하얀 돌멩이를 볼 때마다 기분이 좋아졌고, 늘 "덕분에"라고 말하는 자신이 스스로 대견해졌습니다.

여러분도 "덕분에"라는 말을 스스로 하기 힘들 때 주위를 한 번 둘러보세요. 자신에게 특별함을 주는 물건, 예를 들면 예쁜 머리핀이나 아기자기한 찻잔 등 주변에 우리를 도와주는 무언가가 있을 겁니다. 그런 사물 덕분에 좋은 추억을 떠올리고, 또 긍정적으로 바뀌어 가는 자신을 발견할 수 있을 겁니다.

16
사임당처럼 – 칭찬 화법

율곡은 훗날 어머니 사임당을 떠올리며 이렇게 말했습니다.

"자녀들의 잘못을 훈계하며 아랫사람들의 허물을 꾸짖으심으로 모든 사람들이 받들었다."

사임당은 일곱 아이들에게도 마찬가지였습니다.

"우는 그림을 잘 그린다고 칭찬해 주었더니 뒷처리가 엉망이더구나. 게다가 종이 아까운 줄도 모르고 함부로 붓을 놀리는 일은 큰 잘못이지. 네가 지금 종이 한 장을 아끼지 못하면 앞으로 나라의 일을 제대로 해낼 수가 없지. 만일 큰일을 맡는다고 해도 백성들의 짐이 될 뿐이야."

사임당은 열 살도 되지 않은 막내아들 우의 작은 행동 하나도 대충 보아 넘기는 법이 없었습니다.

"어머님, 다시는 그러지 않겠습니다."

어린 우도 어머니의 꾸짖음을 달게 받을 줄 알았습니다. 사실 사임당은 자녀들에게 꾸짖음보다는 칭찬을 아끼지 않는 편이었습니다. 하지만 사랑에 치우쳐 잘못을 눈감아 넘기지는 않았습니다. 다시 말해, 칭찬 화법은 잘못된 점을 바로잡아 주지만 그것이 무조건적인 칭찬과 사랑은 아니라는 것입니다. 사임당의 이런 가르침은 일곱 자녀들의 몸과 마음에 깊숙이 스며들어 모두 반듯한 인물로 성장했습니다.

이제 우리 아이들에게 어떻게 칭찬을 해야 하는지 '부메랑 화법'으로 배워보도록 하겠습니다. 부메랑 화법은 상대를 먼저 칭찬하고, 그리고 자신에게로 돌아와 상대를 돋보이게 하는 칭찬 화법의 하나입니다.

제가 얼마 전 조카의 일기장을 보다가 담임선생님의 댓글에 깊은 감명을 받았습니다. 누구나 칭찬을 받으면 어깨에 힘이 들어가지요. 저도 그렇습니다. 그리고 스스로에게 한 칭찬보다 타인이 해주는 칭찬이 더 큰 힘이 되는 것은 당연지사! 자신에게든 남에게든 칭찬은 아무리 해도 지나치지 않습니다.

● 일요일 일기(부분): 오늘은 일요일인데 하루 종일 집에 있었다. 심심했다. 기분이 무척 나빴다.

　= 선생님의 댓글: 하루 종일 집에 있다니 대단한데!

● 목요일 일기(부분): 태권도장에서 승우랑 겨루기를 했다. 승우가 차서 아팠다. 참았다. 눈물이 났다.

= 선생님의 댓글: 정말 잘 참는구나!

● 수요일 일기(부분): 미술학원에서 그린 그림을 가져왔다. 노란색이
다. 잘 그렸다.

= 선생님의 댓글: 그림을 잘 그리는구나!

선생님은 공감은 정말 잘 해주셨지만 어딘가 칭찬에는 조금 인색
한 듯해 보입니다. 그런데 이렇게 바꾸어보면 어떨까요? 지금부터
선생님의 댓글을 통해 부메랑 화법에 대해 알아보겠습니다.

● 일요일 일기(부분): 오늘은 일요일인데 하루 종일 집에 있었다. 심
심했다. 기분이 무척 나빴다.

= 선생님의 댓글: 지민이는 기분이 나쁜 이유를 명확하게 설명하
고 있구나! 선생님도 지민이처럼 선생님 기분이 왜 안 좋았
는지 이유가 알고 싶네.

● 목요일 일기(부분): 태권도장에서 승우랑 겨루기를 했다. 승우가
차서 아팠다. 참았다. 눈물이 났다.

= 선생님의 댓글: 이야~ 아픈 데도 잘 참았구나! 선생님이었으
면 아파서 울었을 거야!

- 수요일 일기(부분): 미술학원에서 그린 그림을 가져왔다. 노란색이다. 잘 그렸다.

    = 선생님의 댓글: 선생님은 노란색 그림은 그리기 어렵던데 우리 지민이는 잘 그렸구나!

이처럼 부메랑 화법은 상대에게 먼저 칭찬을 하고, 그 후에 '나도', '나라면'으로 돌아오는 대화 기법입니다. 예를 들어, 대학생 딸에게 옷을 예쁘게 입었다고 칭찬을 해야 한다면 "옷을 예쁘게 입었네"가 아니라 "오늘, 옷 예쁘게 골라 입었네. 나보다 색감이 더 좋은데!"라고 해야 그 칭찬을 진심으로 느끼게 될 것입니다.

이제 내가 아이에게 자주 하는 칭찬을 한 번 적어봅시다. 그리고 그것을 부메랑 화법으로 바꾸어 볼까요?

내가 아이에게 자주하는 칭찬

1.
    ＝부메랑 화법:
2.
    ＝부메랑 화법:
3.
    ＝부메랑 화법:
4.
    ＝부메랑 화법:
5.
    ＝부메랑 화법:
6.
    ＝부메랑 화법:
7.
    ＝부메랑 화법:
8.
    ＝부메랑 화법:
9.
    ＝부메랑 화법:
10.
    ＝부메랑 화법:

17
사임당처럼 – 엄마 시간표

사임당은 아이들의 교육을 걱정하면서 공부 계획 시간표를 작성해 주었습니다. 서당에서 공부를 하고 집에 돌아와 배운 것을 다시 공부하지 않는다면 학문이 늘지 않을까 걱정해서 만든 것입니다. 적절한 휴식시간도 정해주었고, 그 시간과 별도로 아이들이 읽을 책을 정해주고 하루 세 번 반드시 공부하는 시간을 갖도록 했습니다.

사임당은 바쁜 시간 속에서도 늘 새벽녘에 글을 읽었고, 아이들에게 정해준 하루 세 번의 공부시간이 되면 자신도 아이들과 함께 글씨를 쓰거나 그림을 그렸습니다.

사임당이 만들어준 시간표는 바로 자기 자신이었습니다. 엄마가 책을 읽을 때 너희들도 같이 책을 읽어야 한다는 것을 몸소 실천해 보여주었던 것입니다. 엄마 자신이 시간표가 되는 것은 워킹맘에게는 멀고도 험한 길입니다. 이 말은 다니는 직장을 그만두라는 말과 같기 때문입니다. 따라서 전업맘에게는 자신이 시간표가 되어 달라는 부탁을 드리고, 워킹맘에게는 주말 중 하루라도 시간표가 되어 달라고 부탁드리고 싶습니다.

지유 엄마는 책을 좋아합니다. 지유가 놀아 달라고 떼를 써도 엄마는 "지금 엄마가 책을 보는 시간이에요. 지유랑 조금 있다가 놀아줄게요"라고 말하고는 계속해서 책만 보고 있습니다. 뾰로통한 지유가 다가와 "엄마! 엄마는 책 보는 게 노는 것보다 재미있어?"라고 묻습니다. 엄마는 지유가 뭘 물었는지조차 모를 정도로 책에 푹 빠져 있습니다.

그러던 어느 날 지유에게 놀라운 변화가 생겼습니다. 엄마가 식탁에 앉아 책을 읽고 있을 때면, 한글도 모르는 지유가 책장에서 책을 꺼내 엄마 옆에 앉아 엄마랑 똑같이 책장을 넘기는 것입니다. 그것도 책을 거꾸로 들고. 깔깔거리며 웃는 아빠의 모습에도 아랑곳하지 않고 꽤 심각한 표정으로 책을 보고 있습니다.

이제 초등학교 2학년이 된 지유는 언어 지능이나 어휘력이 뛰어나 학교 선생님께 인정을 받고 있었습니다. 선생님이 학부모 모임에 나온 지유 어머니에게 물었습니다.

"애들이 한 곳에 진득하게 앉아 책 읽는 것을 잘 못하는데, 우리 지유는 어쩜 그렇게 독서를 좋아하나요? 어머님의 특별한 교육법이라도 있나요? 있으면 다른 어머님들께도 공유 좀 해주세요."

자리에서 일어난 지유 엄마는 나지막하게 말했습니다.

"저는 한 번도 지유에게 책을 읽으라고 말한 적이 없습니다. 다만 엄마는 노는 것보다 책 읽는 게 재미있다고 말하고, 지유 옆에서 조용히 책을 읽었을 뿐입니다."

학부모 모임에 나온 여러 젊은 엄마들은 고개를 끄덕였습니다. 앞으로 자신들이 해야 할 일을 진심으로 깨달은 모습입니다. 함께 책을 읽어 주는 것만이 아니라 무엇을 하든 정해진 시간에 아이와 함께 하는 연습부터 한다면 자연스레 엄마의 시간에 아이들도 흡수될 것입니다. 마치 지유 엄마의 책 읽는 시간처럼 말입니다.

18
사임당처럼 - 대자보 기법

"누구든지 한두 번 잘못은 할 수 있다. 다만 잘못했을 때는 얼른 뉘우치고 용서를 빌어야 한다. 진심으로 잘못을 빌면 용서 안 할 사람이 없다."

"사람은 측은지심이 있어야 한다. 그게 바로 선한 마음의 근원이다."

사임당은 일곱 아이들의 인성교육을 위해 책에서 좋은 글귀들을 뽑아 아이들이 항상 보고 마음에 새기면서 행할 수 있도록 집안 곳곳에 붙여 두었습니다.

그리고 자신이 늘 그 글귀대로 행했을 뿐 아이들에게 실천하라고 억지로 강요하지 않았습니다. 다만 시간이 지나서 아이들이 그 글귀를 보는지, 글의 뜻을 제대로 이해하고 실천하는지를 세심히 살폈습니다. 그리고 아이들이 글을 제대로 이해했다는 생각이 들면 또 다른 글귀를 써 붙여 아이늘이 자연스럽게 볼 수 있도록 했습니다.

사임당의 이 자녀 교육법을 저는 '대자보 기법'이라 하겠습니다.

우리가 생활하면서 눈에 띄게 크게 쓰인 알림말을 자주 보게 되면 신기하게도 머릿속에 각인되어 기억에 오래 남습니다. 일례로, 제 카카오톡 알림말로 인해 제가 겪은 일을 소개해 드리겠습니다.

제가 잘 아는 어느 20대의 알림말은 "받은 만큼 갚아줄게. 쯧쯧"이었습니다. 이 친구가 강※씨여서 매번 제 카톡의 첫 화면에 떠 있습니다.

'무슨 일이 있나? 누구랑 싸웠나? 기분이 좋지 않아 보이네….'

핸드폰을 들면 눈에 들어오니 어쩔 수 없이 보게 되면서도 기분이 썩 좋지 않습니다.

그렇게 한 달여가 지났습니다. 남편하고 사소한 말다툼을 하다가 갑자기 제 입에서 툭 튀어나온 말에 깜짝 놀랐습니다.

"알겠어. 내가 딱 받은 만큼 갚아줄게."

벌써 제 머릿속에 이 말이 새겨진 겁니다. 그저 매일 보기만 했던 그 말 한마디가 제 입으로 툭 튀어나올 줄이야!

우리 아이들의 예로 이 상황을 한 번 재현해 보겠습니다.

동우 엄마는 아들 방의 벽지를 세계지도로 바꿔줬습니다. 그리고 아들에게 말했습니다.

"동우야! 너의 무대는 세계야. 그러니까 영어도, 중국어도, 프랑스어도 잘 해야겠지? 그래야 여기서도 친구들하고 말을 하지! 그럼, 우리 어느 나라부터 가볼까? 여기 지도에 한 번 체크해봐."

어린 동우는 까치발을 하고 여기에 동그라미, 저기에 동그라미를 그립니다. 그 모습을 바라보며 엄마는 흐뭇한 미소를 짓습니다. 엄마는 동우가 벽의 세계지도를 볼 때마다 어떤 말에 각인이 되었을지를 이미 알고 있기 때문입니다.

요즘 캘리그라피 벽지가 유행입니다. 각각의 벽지에는 이런 글귀들이 크게 쓰여 있습니다.

"네 안에 있는 거인을 깨워! 이제 시작이야!"

"바람이 없으면 노를 저어라!"

"내 기분은 내가 정해. 오늘 나는 행복으로 할래."

"지금 이 순간에 최선을 다하여라!"

"비가 오기 때문에 무지개가 뜬다."

"천천히 걸을 뿐 뒤로 가진 않아!"

"압력을 이겨낸 숯이 보석이 되는 거야!"

"넌 특별하단다!"

아마 사임당이 현존했다면 이 캘리그라피 벽지를 보고 행복해 했을 것 같습니다. 벽지이기 때문에 자주 바꿔 주지 못한다는 단점만 빼면 완벽한 대자보 기법을 연출하게 됩니다. 눈앞에 보이게 되면 시신경으로 그 글귀를 읽게 되고, 그 글귀를 읽게 되면 뇌에 각인되게 되어 있습니다. 결국 그 말의 지배를 받으며 살게 되는 것입니다.

이런 글귀를 뽑을 때 룰이 하나 있습니다. 아무리 좋은 의미일지라도 부정적인 말보디는 긍정석인 글귀를 찾아주셔야 합니다. 예를 들어, '포기하지 말자!'보다는 '1미터만 더 뛰어봐!'가 낫습니다. '토닥토닥 힘내!'보다는 '아자아자 힘내!'가 더 낫습니다.

당장 A4 용지에 아이들에게 전할 내 삶의 지혜와 노하우를 적어 보름 간격을 두고 바꿔 보시기 바랍니다. 말하지 않아도 아이들의 머릿속에 여러분의 지혜가 심어질 테니까요. 아이들이 어려서 한글을 모른다면 붙여둔 글귀를 보고 저게 뭐냐고 물어올 때, 이때가 기회다 하고 이야기를 해주는 것입니다. 글을 읽지 못한다면 귀로 듣게 하면 됩니다. 반복적으로 보고 들은 행동이나 이야기들이 결국 아이를 바른 길로 인도하는 내비게이션 역할을 해줄 테니까요.

19
사임당처럼 - 풍부한 경험을 선물

아직 많지 않은 나이의 제가 많은 분들 앞에 서서 교육해야 하기에 때로는 애로 사항이 많습니다. 특히 저보다 연배가 높으신 분들 앞에서 강의할 때는 더 조신합니다. 그런 분들에게 저는 특히 현장 경험의 중요성을 강조합니다. 가끔 제게 강단에 서는 이유를 물어오시는 분들에게, 제가 가르치는 것보다 저보다 경험이 많고 삶의 지혜를 가지고 계신 분들에게 배우는 것이 더 많기에 보람 있는 자리라고 말씀드리곤 합니다.

돈을 주고도 살 수 없는 것이 경험입니다. 때문에 초등학교 시기에 학습에 집중하는 것도 중요하지만, 다양한 경험 속에서 사회성과 적응력을 키우는 것은 나중에 성숙한 시민사회의 구성원으로 살아가는 밑바탕이 됩니다. 아이들의 뇌는 '기분 좋은 것'을 더 잘 저장하기 때문에 기족과 함께 하는 어렸을 때의 즐거운 경험은 살아가면서 큰 자양분이 됩니다.

그럼 시기에 따라 우리 아이에게 어떤 경험을 하게 해주어야 할까요? 태어나서 3세까지는 신경회로가 가장 많이 발달하는 시기입니다. 따라서 부모로부터 잠깐 스치면서 듣고 보고 배운 정보들이 가감 없이 입력되기 때문에 일관되면서도 고른 자극을 줘야 합니다. 예를 들면, 아이가 떼를 쓰거나 울면 엄마 아빠가 아이를 달래다가 화를 내거나 윽박질러 버릇을 고치려 들지만, 많은 사람들이 있는 공간에서는 못 이기고 아이들의 요구를 들어줍니다. 아이는 때와 장소에 따라 다른 이런 자극에 헷갈려 합니다. 일관되면서 고른 자극을 줘야 제대로 된 기초인성이 갖춰지겠지요. 그리고 3세부터 6세까지는 판단하고 사고하고 느끼는 전두엽이 빠르게 자라는 시기이므로 예의와 도덕을 가르쳐야 합니다.

사임당은 아들 번이 네 살 무렵 어른들보다 먼저 밥을 먹으려는 행동을 하자 "번아, 아버지가 먼저 수저를 드셔야지. 어서 수저를 내려놓아라"라고 밥상머리 교육을 했습니다.

초등학교 시기가 되면 언어와 감정표현, 인지능력이 발달되기 때문에 풍부한 경험을 선물해 주어야 합니다. 주입식 경험이 아니라 아이가 직접 만지고 느낄 수 있도록, 그리고 그 느낌을 언어로 표현할 수 있도록 시간을 주어야 합니다.

지금 우리 어머니들은 아이의 뇌에 어떤 정보와 경험을 주고 계신가요? 우리 아이들이 더 많이 경험하고, 생각하고, 느낄 수 있도록 도와주세요.

요즘 면접시험에서 도전정신과 희생정신이라는 키워드가 면접관이 가장 주의 깊게 보는 항목이라고 합니다. 자연스럽게 행동으로 배어나오는 도전정신과 희생정신은 자신의 경험에서 스스로 얻는 것이지 누가 가르쳐주거나 억지로 시킨다고 해서 생겨나지 않습니다.

이런 사회 현실에 부응해서 요즘 블루베리 농장 체험, 딸기 따기 체험, 갯벌 체험 등 몸소 실천하는 여러 현장교육이 많이 생겨났습니다. 이처럼 직접 만지고 느끼는 체험 교육이 우리 아이의 미래를 바꿔 놓을 겁니다.

오늘 우리 아이들의 손을 잡고 뭔가를 경험하러 떠나보면 어떨까요? 물론 부모님들은 많이 피곤하실 겁니다. 하지만 오늘의 피곤을 이겨낸 부모님의 행동이 분명 아이들의 빛나는 미래를 만들어주는 자양분이 될 겁니다.

제3장

현모양처 실천편

1
밥상머리 교육 6단계

    제가 3년간의 연애 끝에 결혼을 결심하고 드디어 지금의 남편을 부모님께 소개하는 자리였습니다. 전날부터 긴장한 탓에 남편은 안절부절 가만히 있지를 못했습니다. 드디어 음식을 주문하고, 제가 컵에 물을 따르는 동안 긴장한 남편은 예비 장인 장모님의 것보다도 먼저 제 수저를 놓아 버렸습니다.

    부모님의 당황한 눈빛에 놀란 제가 눈치로 주의를 주자, 심성 고운 남편은 뭔가 문제가 생겼음을 알아채고는 그저 순진한 웃음을 짓고 있었지요. 남편은 너무 긴장한 나머지 어떤 실수를 했는지조차 모르고 있었으나 친정 부모님은, 저 정도로 내 딸을 챙겨줄 남자라면 믿고 보낸다고 농담 반 진담 반으로 그 자리를 불편하게 만들지 않으셨습니다.

    제 남편은 처음 맞는 어려운 자리라 긴장해서 그렇다 쳐도, 요즘 예의범절을 모르는 젊은이들이 너무 많은 것 같습니다. 사회가 아무리 빠르게 변화해도 예의범절은 기본 중의 기본이지요! 우리 선조들은 밥상머리 교육이란 이름으로 예의범절을 가르쳐 왔습니다. 우리 어머니들은, 부모님의 행동을 보고 그대로 따라 배우는 아이들을 위해서라도 스스로 자신의 몸가짐을 관리할 때입니다.

사임당이 임신한 무렵의 아침 식사시간이었습니다. 어린 아들 번이 아버지보다 먼저 밥을 먹으려는 행동을 하자 "번아, 아버지가 먼저 수저를 드셔야지. 어서 수저를 내려놓아라"라고 가르침을 줍니다.

"놔두시오, 부인. 번은 아직 어리지 않소?"

"서방님, 어리다니요. 벌써 네 살입니다."

이 일화를 보면 사임당도 네 살배기 어린 아들에게 밥상머리 교육을 시작합니다.

이번 기회에 밥상머리 인성교육에 대해 좀 더 알아봅시다. '좋은부모되기 운동본부'에 따르면 밥상머리 교육은 최고의 인생 선행 학습장이라고 합니다.

부모라면 누구나 내 아이에게 전하고 싶은 올바른 삶과 인생의 지혜가 있을 것입니다. 그것들을 자연스럽게 시도할 수 있는 곳이 바로 밥상머리입니다. 가족이 함께 식사를 하면서 자연스럽게 부모의 인생 노하우를 전해줍니다. 우리 아이들이 예의범절이나 인성, 가족애를 느낄 수 있도록 도와주는 것입니다.

이때 한 가지 유의할 점이 있습니다. 밥상머리 교육이 자칫 아이들을 훈육하는 수단으로 사용된다면 오히려 역효과가 나지 않을까요. 아이가 밥상머리 교육에 대해 거부감과 부담감을 가지게 된다면 아이를 바르게 가르치려 했던 부모의 노력이 수포로 돌아갈 수도 있습니다.

밥상머리 교육은 가족 간의 일상적인 대화가 주가 되어야 하며, 그런 대화 속에 부모의 삶과 지혜가 자연스럽게 녹아 있어야 합니다. 콩나물은 1%의 물로 자랍니다. 99%의 물은 흘러버리지만 지속적인 1%의 물이 콩나물을 무럭무럭 자라게 합니다.

아이가 성장해갈수록 밥상머리 교육은 시간적 제약을 많이 받습니다. 현대인들은 각자 바쁘게 돌아가는 일상생활 리듬을 가지고 있습니다. 결국 일주일에 가족이 함께 모여 식사하는 여유조차 사치가 되어 버렸지요. 하지만 밥상머리 교육은 일주일에 단 한 번이라도 꾸준히 그리고 지속적으로 유지하는 것이 중요합니다.

유태인들은 밥상머리 교육을 하면서 아이들의 언어를 발달시켰다고 합니다. 언어 발달은 잠자리에서 읽어주는 동화책이 전부가 아닙니다. 식사를 하면서 들었던 단어나 어휘들이 결국 아이들의 언어 발달에 도움을 주는 것입니다. 책 읽기를 통해서는 140여 개의 단어를 배우지만, 가족 식사 중에 배운 단어는 평균 1천여 개라고 합니다. 평범할 것 같지만 그만큼 다양한 주제의 대화가 밥상머리에서 오가는 것입니다.

가족과 함께 하는 식사 횟수가 많은 아이들이 학업성적도 우수하다는 조사결과도 있습니다. 우울증이나 자살률 역시 가족 식사와 반비례한다고 합니다. 결코 큰 비용이 들지 않는, 조금만 노력하면 실천할 수 있는 가족이 함께 하는 식사가 우리 사회를 건강하게 만듭니다.

공식불포共食不飽라고 옛 성현들은 말씀하셨습니다. 남과 함께 먹을 때는 배불리 먹지 말라는 뜻입니다. 부모가 병환 중일 때에는 고기를 실컷 먹지 않으며, 얼굴빛이 변하도록 술을 마시지 않도록 가르쳤습니다. 식사를 준비 중일 때는 이 밥과 반찬이 어디에서 왔는지를 알고 감사하는 마음을 가져야 합니다. 어른들이 숟가락을 들기 전에 먼저 들어서는 안 된다며 참을성과 절제력을 길러주었습니다. 함께 모여 음식을 먹으면서 타인에 대한 배려와 바른 품성을 가진 성년이 되도록 밥상머리에서 가르침을 준 것입니다.

세계적인 명문가인 케네디가家는 식사시간이 지나면 밥을 주지 않았답니다. 밥상머리 교육에서 시간의 소중함을 일깨워주기 위함입니다. 또 미리 읽은 책이나 신문기사 내용을 토론하고 의견을 공유하기도 했습니다. 그래서 평균 식사시간은 2시간이었답니다. 케네디 대통령의 유창한 토론과 연설 능력의 기반이 밥상머리에서 시작되었음을 알 수 있습니다.

이제 우리도 밥상머리 교육 계획을 한 번 세워볼까요? 우리 생활에서 쉽게 실천할 수 있게 제가 6단계로 기준을 잡아보았습니다.

1단계: 일주일에 두 번 공동식사

가족이 매일같이 식사를 할 수 있다면 얼마나 좋겠습니까. 바쁜 현대인들에게 그것은 거의 불가능한 일입니다. 주중에 한 번, 그리고 주말에 한 번을 같이 식사하면 되겠습니다. 일주일에 두 번이 힘들다면 시작은 한 번으로 하되, 점차적으로 늘려 가면 됩니다. 장소는 가급적이면 집이 좋겠습니다.

음식 솜씨가 별로인데다가 맞벌이를 하니까 요리하는 것이 부담되는 분들도 계시리라 짐작됩니다. 저 역시 음식 만들기에는 소질이 없습니다. 하지만 소박한 제철음식 하나라도 정성껏 요리해서 함께 먹는 연습이 필요합니다.

날짜와 메뉴는 가족들이 협의하여 함께 정하는 것이 좋습니다. 오늘 저녁, 가족이 둘러앉아 언제 같이 식사를 하면 좋을지 정하시기 바랍니다. 되도록이면 아이들이 좋아하는 메뉴로.

2단계: 부모부터 휴대폰을 멀리!

요즘 음식점에서 음식이 나오길 기다리는 가족을 보다 보면 씁쓸한 마음마저 듭니다. 모두 고개를 숙이고 각자의 휴대폰을 뚫어져라 보고 있습니다. 그리고 음식이 나왔습니다. 먹고 싶은 음식을 맛있게 먹으면서 즐거운 이야기를 나눌까 기대하며 지켜보고 있었지만, 역시나 음식을 먹는 건 주가 아닙니다. 각자의 휴대폰을 보면서 음식을 입으로 마구 구겨 넣고 있다고 표현해야 맞지 않나 싶습니다.

웃지 못할 광경은 옆 자리에 앉은 노부부도 마찬가지입니다. 남편은 '애니팡2'를 열심히 하고 있습니다. 표정을 보면 매우 심각해 보입니다. 아내는 카톡을 보내며 후훗 연신 웃어댑니다. 눈치 채셨습니까? 바로 저희 아버지, 어머니의 모습입니다.

"왜 음식점에 와서도 휴대폰만 보고 계시나요?"

어머니는 이렇게 말씀하십니다.

"휴대폰을 왜 보냐고? 아니, 보긴 왜 봐~ 카톡이 왔으니까 무슨 내용인지 얼른 확인해봐야지."

맞습니다! 카톡이 왔으니까 확인하는 것은 당연하지요. 하지만 얼른 마무리 짓고 두 분의 대화를 이어가셔야지요. 카톡 문화! 저도 찬양합니다만, 절제의 능력은 우리가 스스로 길러야 합니다.

이런 우리의 모습을 어린 아이들이 보고 자란다면 가족 식사의 날이 정해진다 해도 누구 하나 편하게 느끼지 못할 것입니다. 왜냐하면 소통을 위한 가족 식사시간이 오히려 내 휴대폰과의 자유를 방해 받는 불편한 날로 인식될 테니까요.

식사의 날에 휴대폰 보면 벌칙!

1.
2.
3.
4.
5.

3단계: 식사는 함께 준비!

가족 식사의 날을 맞아 집에서 가족이 함께 비빔밥을 준비하고 있습니다. 비빔 그릇에 적당량의 밥을 덜어주면 비벼 먹을 나물류는 자신들이 알아서 각자 덜어 넣도록 합니다. 그리고 설거지도 분담을 해서 재미있는 가족놀이 혹은 가족문화로 만들어야 합니다. 맞벌이 가정이라면 우리 아이들은 집에서 엄마가 해주는 따뜻한 밥에 그리움을 느낍니다. 더구나 부모님과 형제자매와 함께 만든 비빔밥에는 얼마나 큰 소중함이 묻어 있을까요?

주말마다 아이들과 함께 놀아줘야 하는 부담감이 있으신가요? 꼭 놀이공원을 가거나 교외로 나가 뛰어놀아야 아이들의 눈높이를 맞춰주는 즐거움일까요? 그보다는 아이들에게는 자신들과 함께하는 누군가가 필요합니다.

몇 년 전, 어린이날을 맞아 아이들이 어떤 선물을 받고 싶은지 설문조사를 했습니다. 1위가 무엇이었을까요? 모두가 짐작하듯이 값비싼 선물보다 엄마 아빠와 함께 노는 것이 1위였습니다. 멀리 교외로 나가지 않아도, 유명한 맛집을 찾아가지 않아도 부모와 함께하면서 우리 아이들은 진짜 인생을 배워갑니다.

4단계: 음식은 천천히

제가 우리 어머니들에게 '2시간 동안 음식을 드십시오'라고 부탁드리면 다들 가족 식사의 날을 포기할 확률이 높습니다. 왜냐하면 LTE

시대를 사는 우리들은 빨리빨리 문화에 너무나 익숙해져 있습니다.

저 역시도 마찬가지입니다. 한때 은행원이었던 저는 늘 시간에 쫓겨 선배들과 점심시간을 교대해야 했었습니다. 제가 천천히 먹으면 저 하나 때문에 직원들의 식사가 밀리기 일쑤입니다. 월말이면 그 압박감은 이루 말로 표현할 수 없습니다.

어린 시절에 치아교정을 한 저는 음식을 먹을 때 보철 사이에 음식물이 끼지 않게 하려고 천천히 먹는 습관이 있었습니다. 6년을 천천히 꼭꼭 씹어 먹던 습관으로 살아온 제가 은행 입사 후 한 달이 채 되지 않아 어쩔 수 없이 5분 안에 식사를 해치우는 식신으로 거듭났던 것입니다. 그 사이에 선배들은 제가 얼마나 답답했을까요. 아니 혼쭐을 내서라도 사회생활이 뭔지 가르치고 싶었을 겁니다.

그것뿐만이 아닙니다. 교육을 위해 서울에 가는 날이면 지하철을 자주 이용했는데, 출근시간에 하나같이 지하철 역내를 뛰어다니다시피 하는 사람들에게 반기를 들고자 저는 제 속도로 걷기 시작했습니다. 하지만 5분도 지나지 않아 놀라운 일이 벌어졌습니다. 걷고 있다고 생각한 제가 뛰고 있었습니다. 바쁜 사람들 속에 치이지 않기 위해 저 역시 달리고 있더군요.

이런 생활에 익숙해 있는 우리가 갑자기 밥상머리 교육을 하겠다며 여유롭게 2시간의 식사를 즐길 수 있을까요? 처음부터 욕심을 내면 안 됩니다. 평소 식사시간 +20분으로 시작하는 게 어떨까요? 그리고 의도적으로 식사시간을 늘려가려 노력하지 않아도 됩니다. 식사를 하는 동안 즐거운 대화가 오간다면 자연스레 우리 가족의 식사 시간은 늘어나 있을 테니까요.

5단계: 부정적인 말은 삼가

제 어릴 적 기억에 우리집 식탁은 늘 왁자지껄했던 것 같습니다. 엄마 아빠는 식사를 하면서도 우리들에게 이것저것 묻곤 했지요. 그런데 성격 급하게 입 안 가득 밥을 넣고 대답하는 저를 엄마 아빠는 마땅찮게 여긴 것 같았습니다. "너는 왜 밥을 흘리면서 먹니!"라는 말을 들을 때마다 어린 저는 엄마 아빠가 왜 내게 화를 내는지 이해할 수 없었습니다.

우리 아이들 가운데 엄마 아빠에게 할 이야기가 너무 많아 입 안에 든 음식물이 튀어나오는지도 모르고 끊임없이 재잘거리는 친구들이 있습니다. 우리 어머니들은 그들에게 "밥 먹으면서 말하지 마!" 혹은 "입에 있는 거 다 씹고 말해!"라고 나무라기보다는 이렇게 말해 주세요.

"체하니까, 입에 있는 음식부터 천천히 씹고 얘기해도 돼."

이제 사임당의 경청법을 배워보겠습니다.

어느 날 율곡이 자신이 쓴 글을 가지고 사임당에게 왔습니다.

"어머님, 제가 글을 지었는데 한 번 읽어봐 주세요."

글을 받아든 사임당은 일곱 살 율곡이 글공부를 열심히 하는 줄은 알았지만 이 정도로 훌륭한 글을 지을 줄은 상상도 못했습니다.

"정말 네가 지은 것이냐?"

"네, 어머님."

"그래, 어디 보자. 무슨 내용의 글이냐?"

"이웃 마을에 사는 진복창이란 사람에 대한 글이옵니다."

사임당은 아들의 글을 읽기 시작했습니다. 아이의 말에 관심을 기울이고 글을 읽어주는 행동을 바로 보여준 것입니다.

사임당은 아이들에게 "이 말이 무슨 뜻이냐?" 혹은 "오늘은 무엇을 배웠느냐?"라고 자주 되물었습니다. 아이들이 배우고 느낀 점을 엄마가 공유한 것입니다. 그와 동시에 아이들에게 말할 수 있는 시간을 만들어준 셈입니다. 물론 부정적인 말은 하지 않았습니다. 엄마의 생각과 다른 의견을 말할지라도 "좋은 생각이구나"라고 답해 주었습니다. 내 의견과 다르다고 해서 아이들에게 "그건 아니지!"라거나 "그런 생각은 안 돼!"라고 얘기한다면 우리 아이들은 다시는 입을 열지 않을 것입니다.

아이들은 항상 부모님께 칭찬을 듣기 위해 행동한답니다. 그런데 칭찬이 아닌 부정적인 꾸지람이 돌아온다면 다시는 말문을 열지 않을 것입니다. 나아가 부모님의 눈치를 보게 될 것입니다.

그들의 말문을 여는 첫 번째 열쇠가 바로 공감적 경청과 긍정적 반응입니다. 무슨 말을 해도 일단 들어주고 "그래! 맞아!"라고 맞장구쳐 주면 어떨까요?

6단계: 아이들의 말을 끊지 않기

우리 어머니들 가운데 아이들의 말을 끝까지 듣지 않고 딱 잘라 버린 적은 없나요? 아마 자신도 모르게 훈육의 기질이 팍팍 튀어나와 놀라신 적 있을 겁니다.

"잠깐! 방금 뭐라 그랬어?"

"너, 왜 그런 말을 하니?"

"엄마가 그런 말 쓰지 말랬지."

우리 아이들의 마음에 상처가 되는 말들입니다. 이런 말을 반복적으로 듣게 되면 아이들은 자신의 입을 닫아버리고 엄마의 훈육만을 듣습니다. 그리고 아이들이 받은 상처는 우리가 알지 못하는 동안 그대로 묻히게 됩니다.

사임당의 일화를 한 번 볼까요? 서당에 다녀온 아이들에게 사임당이 차례로 묻습니다.

"선아, 너는 배우는 사람이 가장 중요하게 여겨야 할 덕목이 무엇이라 생각하느냐?"

"네, 저는 의로움과 이로움을 구별하여 의를 따르는 것이라 생각합니다."

"맞는 말이다. 자신의 이익을 바라지 않고, 의로운 행동을 하여라. 그렇게 되면 너 또한 자연스럽게 믿음을 얻게 될 것이다."

"우리 매창이는 사람에게 무엇이 가장 소중하다고 생각하느냐?"

"저는 사람의 마음에 참이 가장 소중하다고 생각합니다."

"참이라…"

마치 끝말잇기를 하듯 아이들의 생각을 끝까지 들어주고, 그리고 자신이 궁금했던 부분을 되물었습니다.

우리 어머니들도 아이가 운을 떼고 그 말에 마침표를 찍을 때까지 기다리는 연습을 해보십시오. 처음에는 힘들겠지만 익숙해지면 아이들의 말을 적극적으로 듣고, 공감하는 자신을 발견하게 될 것입니다.

제 경우를 예로 들어 보겠습니다. 어느 날, 언니 집을 찾았다가 어린 조카의 행동을 보면서 놀란 적이 있습니다. 배가 고팠던지 음식이 나오자 재빨리 자신의 입에 집어넣는 조카에게 언니가 "지민아! 어른 먼저 드려야지"라고 알려주었습니다.

그리고 조금 뒤에 또 다른 음식이 나왔습니다. 그런데 지민이의 행동이 전과 다릅니다. 동생 서연이에게 "음식은 어른부터야. 알겠지?"라며 동생을 가르치는 것이었습니다.

이것이 밥상머리 교육의 효과 아니겠습니까? 주의할 점은 이럴 때 우리 어머니들이 그냥 두루뭉수리하게 넘어가서는 안 됩니다. 지민이의 행동이 아주 올바른 것임을 알려주어야 합니다. 영혼 없는 말로 "잘했어"라고 하는 것은 아이들도 금방 알아차립니다. 그들도 자신의 잘못을 깨닫고 바른 행동이 무엇인지를 몸에 익히기보다 나중에는 그런 엄마의 기분을 맞추려 행동할 겁니다. 그렇다면 이럴 때 어떻게 칭찬해 줘야 할까요?

"지민이가 음식은 어른 먼저 드신다고 말하는 걸 보니 제대로 알고 있구나. 이것을 지민이는 누구한테 배웠지?"

여러분이 지민이 엄마라면 이렇게 무엇이 옳고 그른지를 구체적으로 알려주어야 합니다.

이제 우리집 밥상머리 교육 계획표를 작성해 볼까요?

1주일에 두 번, 가족 식사의 날 정하기	
식사하는 동안 휴대폰과 TV 멀리하기	
식사 메뉴 정하기	
음식은 천천히 먹기	
경청, 부정적인 말 사용하지 않기	

| 작성 예 |

1주일에 두 번, 가족 식사의 날 정하기	수, 토 저녁 7시
식사하는 동안 휴대폰과 TV 멀리하기	식사시간 동안은 휴대폰을 화장실에 두기
식사 메뉴 정하기	식사 메뉴는 매주 일요일에 정하기
음식은 천천히 먹기	몇 시간? 몇 분?
경청, 부정적인 말 사용하지 않기	"좋아! 잘했어! 그렇지!" 사용하기

2
나의 든든한 조력자 - 남편도 사람이다

01 '당신 덕분에' 화법

사임당이 스물다섯 살 때, 한양에서 과거 준비를 위해 공부하던 남편 이원수가 장모의 열녀 정각旌閣이 세워지는 경사스러운 일로 강릉 처가에 내려왔습니다. 부부가 오랜만에 해후했으니 그동안 못다 한 말을 주고받기에도 시간이 부족하겠으나 남편은 자신이 그동안 공부했던 학문 자랑에 여념이 없습니다.

"여보, 칭찬 좀 해주시오. 그동안 맹자를 다 읽고, 지금은 대학을 읽고 있소. 공부를 하다 보니 참 재미가 있소. 어느 글귀에 이런 말이 있더이다. 천하를 밝히려는 이는 먼저 그 나라를 다스렸고, 그 나라를 다스리려는 이는 먼저 그 집안을 바로 잡았고, 그 집안을 바로 잡으려는 이는 그 몸을 닦았고, 그 몸을 닦으려는 이는 마음을 바르게 했고…"

공부를 위해 가족을 아내에게 맡겨두고 떠났으니 남편은 얼마나 자신의 학문 성과를 자랑하고 싶었겠습니까? 조금만 더 참고 기다리면 출세해서 가족을 부양하겠다는 미안한 마음 때문인지 과장되기까지 합니다. 조용히 듣고 있던 사임당이 미소를 지으며 말했습니다.

"서방님, 학문이 깊어지셨군요. 학문을 할수록 새로운 세상을 아는 듯하다고 하지 않으셨습니까? 바로 그것이지요. 이제 기회가 되면 초시初試에 응해 보시지요. 어머님이 기뻐하실 겁니다."

사임당의 말에 더욱 우쭐해진 남편이 말했습니다.

"그래야겠지요. 이 모든 게 다 당신 덕이오."

이제 시대를 옮겨와서, 제 경우를 예로 들어보겠습니다. 모든 직장인들이 그렇듯이 제 남편 역시 사내社內 교육을 자주 듣습니다. 안전 교육부터 리더십 교육까지 강사인 제가 부러워할 정도로 많은 교육을 받고 있습니다.

남편은 본인이 들었던 교육 가운데 좋은 내용이 있으면 책자까지 가져와서 이런저런 내용들을 소상히 알려줍니다.

"자기! 이것 알아? 이것은…."

처음 한두 번은 정말 나를 이렇게까지 생각해주니 감사했습니다만, 이내 거슬리기 시작했습니다. 잠자코 듣고 있던 저는 버럭 화를 내고 말았습니다.

"잘~나셨습니다. 잘난 척 좀 그만 할 수 없어?"

남편 이원수의 학문 자랑에 미소로 답했던 사임당과는 사뭇 다른 저였습니다. 이게 아닌데! 저는 스스로 반성하고, 또 반성했습니다.

그 날도 남편은 2박3일 연수를 다녀왔고, 새로운 자료가 있다며 이 것저것 제게 알려주기 시작했습니다. 이번에는 저도 사임당처럼 잠 자코 듣고 있었습니다. 그리고 남편에게 조용히 말했지요.

"우리 남편 제법인데! 200명 앞에 서서 강의를 하더니 이젠 자료 활용하는 법도 아네. 이번에 내가 안동대에 강의를 가는데, 면접 보 는 방법에 대해 좀 말해주면 안 될까? 대학생 친구들이 굉장히 좋아 할 거야."

저의 긍정 반응에 남편의 얼굴에 화색이 돕니다.

"남들 앞에서 자신 있게 말하는 법을 알려준 자기 덕분이지."

우리 부부는 이렇게 서로를 긍정하며, 제가 더 좋은 강의를 할 수 있도록 머리를 맞대고 지혜를 모았습니다. 그동안 "당신 덕분에"라는 말보다 "당신 때문에"라는 말에 더 익숙해 있던 우리 부부가 조금씩 변화하고 있다는 증거이기도 합니다.

며칠 전, 제 강의 때 있었던 일입니다. 교육생 가운데 남편이 월급 을 받아오면 "당신 덕분에 우리 가족이 한 달 동안 잘 살아요. 여보, 고맙습니다!"라고 진심을 담아 고마움을 표한다는 여성 한 분을 만 났습니다. 강의는 뒷전이고, 그 분의 이야기를 들어볼 수밖에 없었습니다.

먼저, 그 분은 남편과의 사이가 썩 좋지 않았었다고 고백했습니다. 처음에는 남편이니까 말을 안 해도 내 맘을 알겠지. 새삼스레 뭘 고맙다고 얘기해, 25년을 그렇게 살았는데… 라고 생각했답니다.

하지만 5년 전, 친구인 미진 씨의 이야기를 듣고 깊은 반성을 했다고 합니다. 남편 월급날이 되면 미진 씨는 저녁 반찬 하나에도 각별히 신경을 더 쓴다고 합니다. 그리고 남편이 식탁에 앉는 순간, 미진 씨가 일어나 남편에게 감사의 말을 전합니다.

"여보! 한 달 동안 우리 가족을 위해 열심히 일해 줘서 너무 고마워요. 당신 덕분에 우리 가족이 또 한 달을 이렇게 든든하고 따뜻하게 살 수 있어요. 당신의 피와 땀으로 받은 이 월급 감사히 잘 쓰겠습니다."

그리고 뒤이어 두 딸아이도 벌떡 일어나 "아빠! 용돈 감사합니다. 아빠 덕분에 제가 학원도 다니고, 옷도 사고, 너무너무 고맙습니다!" 라고 고마운 마음을 전합니다.

가족의 이런 응원을 듣는다면 남편은 그동안 회사일로 쌓인 피로와 안 좋았던 기억들까지도 눈 녹듯 사라져 버리지 않을까요? 미진 씨의 남편 역시 어깨에 힘이 들어간답니다.

"사랑하는 우리 가족 덕분에 아빠가 이렇게 열심히 일을 합니다. 사랑해요! 얼른 식사합시다."

사랑과 웃음꽃이 피어나는 미진 씨네 가족입니다. 아빠의 월급날은 미진 씨네 가족의 잔칫날이나 다름없습니다. 아내와 아이들의 '당신 덕분에 고맙습니다!', '아빠 덕분에 감사해요!'라는 말 한마디에 남편은 상사와 부하, 그리고 업무 스트레스로 쌓인 피로가 눈 녹듯 사라져 버리고 다시 힘차게 한 달을 시작하는 활력을 얻는 것입니다.

우리 어머니들도 이번 남편의 월급날에 그 이가 좋아하는 음식을 정갈하게 차려놓고 가족이 둘러앉아 당신 덕분에 화법을 한 번 실천해보지 않겠습니까?

02 남편도 사람이다

"다시 태어나도 지금의 남편과 살고 싶습니까?"라는 질문에 대다수의 아내들은 '다시 태어나면 다른 사람과 살 겁니다. 저를 더 많이 사랑해주는 남자하고요!'라고 답한다고 합니다. 하지만 똑 같은 질문을 남편들에게 던지면 대다수의 남편은 '지금의 아내와 다시 부부로 살고 싶다'고 한답니다. 참 아이러니 하지요?

지금 부부라는 이름으로 함께 살고 있는 이들이 왜 이렇게 서로 다른 답을 내놓을까요? 아내는 현재의 결혼생활에서 '자신이 희생을 했다'라고 생각하기 때문에 다음 생에는 이를 보상받고 싶은 심리가 강합니다. 그에 비해 남편은 현재의 결혼생활에서 아내의 희생이 컸다고 인정하고 있습니다. 그래서 아내가 가정을 위해 희생했던 것을 다음 생에 다시 부부로 만나 보상해주고 싶어서 지금의 아내를 선택한다고 합니다.

강의 중에 이 이야기를 듣고 손사래를 치는 한 여성이 있었습니다.

"아우, 강사님! 그런 말 하지 마세요. 꿈에 나타날까 두렵네요. 저는 다시 태어나면 결혼 안 하고 혼자 살래요."

이 분의 말씀을 듣고 강의장이 한바탕 웃음바다로 변했습니다.

우리의 희생을 알고 또 인정해주지만, 그럼에도 우리 가족을 위한 사랑의 표현에는 서툰 남자사람! 바로 남편입니다. 어느 시인의 글귀를 빌리면, 그렇게 싫다 싫다 해도 내 몸 아플 때 빗길 뚫고 달려가 약봉지 사들고 오는 사람은 당신뿐이라고 합니다. 가장 가깝고도 먼 사이, 남편과 나 사이의 거리는 몇 미터쯤 될까요?

지금부터 남편을 먼발치에서 한 번 바라보겠습니다. 우리나라의 많은 남편들은 '가장家長' 이라는 말에 용기도 얻지만 '가장'이라는 말에 포기도 합니다. 그런 남편들을 지금부터 이해해 볼까요? 내 남편은 내가 제일 잘 알아요 하시겠지만, 내 남편이기에 내가 제일 잘 속을 수도 있습니다. 저희 남편도 어쩌면 이 책을 읽고 "너나 잘하셔!" 하고 오히려 제게 면박을 줄지도 모릅니다.

다시 사임당을 만나보겠습니다.

스물두 살의 신랑, 그리고 열아홉 살 신부! 신부는 어릴 때부터 환경적으로 글을 읽고, 그림을 그리고, 수를 놓고, 시를 썼습니다. 그러나 남편은 홀어머니의 외동아들로 자라다보니 놀기 좋아하고, 어머니에게 기대기를 좋아했지 글을 읽거나 시를 쓰는 일에는 별 흥미가 없었습니다. 이 신부가 바로 사임당이고, 신랑이 이원수입니다.

사임당은 글 읽기를 즐겨 해서 시집도 오기 전에 이미 논어나 맹자 등은 다 떼고, 더 수준 높은 글을 읽고 있었습니다. 그러나 이원수는 이제 겨우 논어를 떼었습니다. 사임당은 그런 남편을 무시하기보다는 '그는 글 읽기가 몸에 배지 않았고, 글 읽기의 즐거움을 모를 뿐이다. 내가 서방님에게 글 읽기의 즐거움을 알게 하면 되는 것이다'라고 생각했습니다. 그리고 남편과 같이 논어를 처음부터 읽었습니다. 책을 읽고 나면 남편과 책에 대한 이야기를 나누었습니다. 또한 사임당은 이원수가 맹자나 중용을 읽을 때까지 기다려 주었습니다.

사임당의 남편에 대한 배려와, 어떤 상황을 보고 미루어 짐작하지 않고 이해해 주려는 마음을 엿볼 수 있는 일화입니다. 상대 입장에서 이해하는 것이 얼마나 어려운 일인지 우리 어머니들은 잘 아시리라 생각합니다.

위의 사임당 일화에서도, 남편이 나보다 글공부 수준이 낮은 것이 사실이라고 사임당은 현재를 정확히 파악했습니다. 하지만 그 결과를 가지고 남편의 자존심을 건드리는 말과 행동을 하지는 않았습니다. 남편은 단지 글 읽기가 몸에 배지 않았고, 글 읽기의 즐거움을 모르는 것이 문제일 뿐 이제부터라도 그 즐거움을 알게 해주면 된다며 긍정적인 해결 방안을 찾습니다. 결국 둘이서 같이 책 읽기를 하고, 같이 생각도 나누게 되면서 서로를 더 많이 이해할 수 있게 된 것입니다.

이번에는 제 강의를 듣고 삶이 바뀌었다는 혜진 씨를 사례로 들어 보겠습니다. 워킹맘인 혜진 씨의 회식 자리가 길어지고 있습니다. 아이들 때문에 불안한 마음에 지점장님의 말씀은 귀에 들어오지도 않고, 시선은 휴대폰에 가 있습니다. 아이들을 봐주고 계시는 친정부모님께 죄송스러운 마음뿐이지만 회식 자리를 박차고 나올 만큼의 직급은 되지 않고, 답답한 마음에 남편에게 전화를 겁니다.

남편이라도 조금 일찍 도착해서 아이들을 챙겨준다면 혜진 씨 마음이 편할 텐데, 그런 간절한 바람을 담아 남편에게 전화를 걸어보지만, 퇴근을 하려면 족히 3시간은 남았다며 남편은 되려 혜진 씨더러 1차만 하고 들어가라며 전화를 끊습니다. 섭섭한 마음을 겨우 억누른 혜진 씨는 직원들의 눈치를 보며 1차가 끝나기 바쁘게 발걸음을 재촉해 집으로 갔습니다.

집에 도착하자마자 아이들을 씻기고, 큰딸아이 숙제와 준비물을 챙깁니다. 집안 정리가 끝나갈 즈음 시계를 보니 12시가 넘었습니다. 속상한 마음에 눈물만 나는 혜진 씨. 똑 같이 일하는데 왜 매일 나만 애들한테 시달려야 해? 화가 난 혜진 씨는 새벽 가까이 되어서야 잠을 청합니다. 눈을 떠보니 남편이 언제 들어왔는지 코를 골며 자고 있습니다. 답답해진 혜진 씨는 자신이 우울증이 아닐까 의심하기도 했답니다. 혜진 씨는 해결 방법을 찾기로 했습니다.

- 현재 파악 단계: [내 남자가 육아를 도와주지 않는 것은 사실이다] [이 남자는 내가 느끼는 육아의 고통을 모를 것이다]
- 자존심 건드리지 않기: [돈은 같이 버는데, 왜 나만 이렇게 고생이야? 차라리 당신 월급이 충분하면 내가 일을 그만두고 애들을 돌볼 텐데… – 이런 말 금지]
- 긍정적 해결방안 모색: [육아의 고통을 나누자. 남편이 안 해 봐서 모르는 것이지 해보면 얼마나 힘든지 알 것이다. 이대로 있으면 나는 우울증에 걸릴지도 모르니까, 토요일 오후는 내가 좋아하는 라인댄스를 시작하자. 대신 남편에게 육아 숙제를 주자]
- 공유: [남편과 육아의 고통을 공유하면서 어떻게 하면 시간을 좀 더 절약할 수 있고, 쉽고 빠르게 의사소통을 할 수 있을지 잠자기 전 5분 대화를 시도해보자]

결국 긍정적인 결과를 얻었다며 즐거워하는 혜진 씨의 밝은 목소리를 들으니 제가 다 기분이 좋아졌습니다.

"강사님! 이런 교육생만 있으면 진짜 행복하겠죠? 저 보세요. 바로바로 활용하잖아요, 헤헤!"

저보다 언니인데도 꼬박꼬박 존대어를 사용해 주시고, 또 교육을 통해 배운 것을 곧바로 활용해 주시는 혜진 씨 같은 교육생만 있으면 더 바랄 것이 없겠습니다.

하지만 강사이기 이전에 저도 아내 입장이 되어 막상 실천하려니 어렵더라고요. 아는 것과 실천하는 것이 참으로 다릅니다. 요즘 들어 정말 저를 화나게 하는 것은 남편의 갑작스런 회식입니다.

- 현재 파악 단계: [남편의 회식은 언제나 갑자기 내게 통보된다]
  [남편의 회사 업무 특성상 갑작스런 회식이 많다 – 남편의 잘못이 아니다]
- 자존심 건드리지 않기: [그 놈의 회식! 한 번 빠지면 진급누락이라도 돼? 진급되더라도 급여 차이도 얼마 없잖아! 약속 다 해놨는데 갑자기 이러면 나는 뭐가 돼! – 이런 말 금지]
- 긍정적 해결방안 모색: [남편도 어쩔 수 없는 것이다. 남편은 회사 사장이 아니고 직원이기에 회사의 방침에 따라야 한다. 그리고 무엇보다 남편의 사회생활에 내가 지장을 주면 안 된다. 나도 남편과의 약속을 급하게 바꿀 때가 있지 않았던가? 7시에 만나기로 했다가 강의 미팅이 길어져 한 시간 동안 남편이 기다려야 했던 일. 앞으로 그런 일이 있을 때에는 미안함과 함께 그럴 수밖에 없었던 이유를 차근차근 설명해주면서 내 마음을 전달해줘야지. 그럼 서로를 이해하게 될 거야]
- 공유: [남편의 갑작스런 회식 때문에 상한 내 마음과, 내가 했던 일방적인 약속 변경에 남편이 느끼는 마음을 서로 공유하면서 지금은 그런 일로 인한 싸움이 없어진 상태]

여러분도 지금 남자사람을 이해하기 위한 위 단계를 활용해 보는 것이 어떨까요?

현재 파악단계:

자존심 건드리지 않기:

긍정적 해결방안 모색:

공유:

03 남편에게 솔직하게 표현하기

사임당은 결혼 후에 남편 이원수의 출세를 위해 서로 10년 동안 떨어져 학업을 닦은 뒤 다시 만나자고 약속했습니다. 약속한 다음날 남편은 부인을 처가에 두고 한양을 향해 길을 떠났습니다. 처자식을 두고 홀로 떠나가는 지아비의 심정이 어떠했을까요? 가는 길에 이원수는 생각합니다.

'앞으로 10년 동안 부인의 얼굴을 못 보다니, 앞이 캄캄하구나! 다시 돌아갈까? 가서 부인 옆에서 열심히 학문을 닦겠다고 말해야겠어.'

마음을 굳힌 남편은 20리 정도를 갔다가 되돌아왔습니다. 이에 사임당은 실망한 기색을 애써 감추며 "서방님께서 이렇게 약한 모습을 보이시면 안 됩니다"라고 재촉했습니다. 그 날 저녁 다시 결심을 한 이원수는 "알았소, 부인. 내일 다시 길을 떠나겠소!"라고 말하고, 다음날 다시 짐을 챙겨 한양으로 길을 떠났습니다.

하지만 이번에는 40리 정도를 갔다가 되돌아왔습니다. 이 모습을 본 사임당은 "서방님이 이렇게 나약할 줄은 몰랐습니다. 어찌 사내대장부가 아녀자와 한 약속을 하루도 못 지키고 돌아오셨습니까?"라고 솔직하고 정중하게 남편의 이런 모습은 실망이라고 말했습니다.

이런 때 우리 어머니들은 솔직하게 내 기분을 말하자니 내가 소심해 보일 것 같고, 그렇다고 속에 담아두자니 화병이 날 것 같다고들 합니다. 하지만 표현하지 않고 오래도록 마음속에 담아두니 곪고 곪아서 결국은 화병으로 발병합니다. 내 맘만 아프고, 나만 속상하게 되는 것이지요.

지금부터 우리도 사임당이 남편 이원수에게 했던 것처럼 할 말은 솔직하게 표현해 보도록 합시다. 우리가 서로에게 솔직하게 말을 하지 않으면 오해를 낳게 되고, 그 오해가 또 다른 오해를 부르게 되어 있습니다.

혜민 스님의 강연 내용 중에 여러분께 꼭 전해드리고 싶은 내용이 있습니다.

우리가 느끼는 모든 감정은 한국어에서 영어로 번역이 된다고 합니다. 하지만 '서운하다'는 감정은 영어로 번역하기가 참 어렵다고 합니다. 여러분이 생각하는 서운하다는 감정이 어떤 뜻인지 스스로 정의를 내려 보도록 하겠습니다.

내가 생각하는 '서운하다'라는 뜻:

비슷한 말로 '섭섭하다'가 있는데, 아무래도 서운하다가 더 감정이 실린 말인 듯합니다. 즉 서운하다는 것은 '내가 내 입으로 표현하기는 좀 그렇지만, 나는 너에게 기대를 하고 있는데 네가 그 기대에 미치지 못할 때 내가 느끼는 감정'으로 이해할 수 있습니다.

우리는 타인에게 기대를 합니다. 그리고 기대를 하고 있다고 솔직히 표현을 하면 되는데, 그렇지 않고 속으로만 생각을 하지요. 결국 상대가 내 생각대로 해주지 않으면 서운함을 느낍니다.

그런데 여기에서 만약 우리가 상대에게 솔직하게 표현을 한다면 어떤 일이 벌어질까요? 서로에게 솔직해지게 되니 오해하는 일이 없게 되고, 설령 오해를 했을지라도 금방 문제를 풀어갈 수 있게 됩니다.

저도 남편에게 솔직하게 말하지 못하고 혼자 속상했던 기억이 있습니다. 언젠가 친구들 모임에 부부동반으로 참석한 남편과 저는 1박2일로 즐거운 시간을 보냈습니다. 독자들은 제게 이 늦은 나이에 귀여운 아이가 없다는 것을 눈치 채셨을 겁니다. 저는 난임이니 불임이니 하는 말보다는 조금 늦은 선물이라고 표현하겠습니다.

친구들이다 보니 다들 꼬맹이가 하나둘씩 딸려 있었고, 저희 부부만 둘이 찰떡파이처럼 붙어 다녔지요. 남들은 신혼 같다느니 연인 같다느니 부럽다는 말을 하지만, 정작 부러움을 느낀 쪽은 저희 부부였습니다. 아이를 바라보는 남편을 보면 괜스레 눈물이 나서 먼 산을 바라보기도 했습니다. 아빠가 되고픈 것은 결혼한 남자라면 당연히 누려야 하는 권리겠지요. 하지만 저도, 남편도 그 부분에선 서로에게 알듯 모를 듯한 미안함이 있습니다.

문제는 다음날 발생했습니다. 맛있는 오리백숙을 점심으로 먹자며 예약한 음식점으로 갔습니다. 하지만 예약시간보다 조금 일찍 온 터라 30분 이상을 밖에서 대기하란 말에 저는 카메라를 꺼내 들었습니다. 그렇게 주변 풍경을 카메라에 담고 있던 제가 어떤 한 장면을 목격했습니다. 순간 얼굴이 붉어지고, 손에는 땀이 나고, 화가 나는 것이 아니라 가슴이 답답하고 표정관리가 안 되는, 자기조절 능력과 감정 통제력을 잃은 듯한 느낌이었습니다.

제가 본 장면은 제 남편이 친구의 아내와 함께 꼬맹이 유모차를 밀며 주변을 거니는 모습이었습니다. 화가 났고, 이런저런 생각이 들며 심장이 요동쳤습니다. 물론 친구의 딸이니 유모차를 밀어줄 수도 있습니다. 하지만 그 더운 여름날 땀을 뻘뻘 흘려가며 유모차를 밀어주고, 아이와 놀아주는 모습을 멀리서 바라보는 제 눈에는 눈물이 흘렀습니다.

'아! 남편도 아이를 간절히 바라는구나. 그래서 아이 유모차를 저렇게 밀어주고 있구나. 나는 정녕 죄인인가!'

하지만 저는 아무렇지 않은 듯 30분 뒤 남편을 식당에서 만났고, 맛있게 오리백숙을 먹었습니다. 꽁한 채로 먹어서 그런지 결국 체해서 나중에 병원 신세를 져야 했습니다.

친구 부부들과 다음을 기약하며 헤어져 돌아오는 내내 남편은 심기가 불편한 저의 눈치를 살폈습니다.

"왜 그러냐? 내가 무슨 잘못을 했냐? 기분이 안 좋으냐? 이유가 뭐냐?"

자꾸 묻는 남편에게 괜스레 짜증만 냈습니다. 남편은 결국 차를 세웠고, 왜 그러냐며 이유를 말해 달라고 했습니다. 그런데 아시지요, 이 느낌?

'제 입으로 말하긴 좀 그렇고… 똑똑한 당신이 말 안 해도 알아줬으면 하는데… 그럴 리는 만무하고…'

저는 눈물을 흘리며 그때서야 남편에게 참았던 꽁을 모두 다 털어놓았습니다. 듣고 있던 남편이 "왜 그걸 지금 얘기하느냐고, 아까 얘기해줬으면 이해를 시켜줬을 텐데…" 하며 바보처럼 군 제 행동을 나무랐습니다.

사연은 이러합니다. 남편 회사에 아끼던 후배가 얼마 전 아이 돌잔치를 했었는데, 남편에게 중요한 선약이 있어 참석치 못해 미안한 마음에 유모차를 하나 사주고 싶었답니다. 그래서 친구 아내에게 유모차에 대한 정보를 알아보느라 한 번 밀어봤는데, 오르막이라 그냥 두고 올 수가 없었다고 했습니다.

오해는 그렇게 풀리긴 했지만 저는 교훈을 하나 얻었습니다. 꽁한 뒤 설움 폭발 말고 서운함을 느낄 때 곧바로 이야기해서 풀어버리는 것이 정신건강에 좋구나 하고 말이죠.

이 꽁으로 인한 사건은 저희 부부만의 이야기가 아니었습니다. 평생을 함께 살아온 금슬 좋은 한 70대 부부에게도 어처구니가 찾아왔으니 이름하여 닭다리 사건입니다.

할아버지가 유난히 좋아하는 음식이 있었으니 그것은 바로 튀김 통닭입니다. 할아버지는 일주일에 한 번 꼴로 통닭을 배달시켜 드셨습니다. 그 날도 여느 때와 같이 통닭을 주문하고, TV를 보고 있던 노부부. 드디어 기다리던 통닭이 왔습니다. 그런데 통닭을 받아든 할머니가 포장을 열어 한 입 뜨려는 순간, 할아버지가 말합니다.

"콜라 먹게 컵 좀 가져다 줘."

느린 걸음으로 주방을 다녀온 할머니가 갑자기 소리칩니다.

"어이구, 이 양반아! 어쩜 그리도 인정머리가 없소? 내가 당신과 결혼한 지 벌써 55년이요. 그런데 당신과 통닭을 먹을 때 내가 단 한 번도 닭다리를 뜯어본 적이 없소! 그 정도 눈치를 줬으면 한 번쯤은 내 닭다리도 좀 남겨놓을 법도 한데… 나도 닭다리 먹을 줄 압니다. 나 원! 참으로 화딱지가 나서 내가 견딜 수 없소!"

그동안 쌓였던 감정을 퍼붓는 할머니를 본 할아버지가 한마디 합니다.

"왜 그걸… 지금 얘기하는 거요!"

그렇게 닭다리가 먹고 싶었으면 55년 전에 얘기하지 그랬냐며 말을 아낀 당신 탓이라고 옥신각신하는 노부부. 듣고 보니 할아버지 말에도 일리가 있습니다. 먹고 싶은 닭다리를 보며 '이번엔 내 닭다리를 남겨놨겠지'라고 지레 혼자 생각하지 말고 그냥 "여보! 내 닭다리 하나 남겨줘요. 나도 먹게"라고 말을 했으면 할머니는 55년 전부터 닭다리를 먹을 수 있지 않았을까요?

우리 어머니들은 이제부터라도 서로 꽁하지 않기로 약속합니다. 얼굴 좀 붉어지면 어때요? 서로 오해도 풀고, 내가 원하는 것을 손쉽게 얻을 수 있다는데! 꽁한 마음을 품게 되면 남편은 남편대로, 아내는 아내대로 서로의 생각을 미루어 짐작하게 됩니다. 그것이 또 오해를 불러일으킬 수밖에 없습니다.

얼마 전, 저는 전염성이 강한 A형 독감에 걸려 남편과 격리 아닌 격리생활을 하게 되었습니다. A형 독감은 고열과 근육통, 인후통이동반되는데 제 부주의로 독감에 걸렸으니 그 고통이야 감내한다 하더라도 마치 세균이 옮겨 붙기라도 하듯 멀찍이 떨어지려는 남편의 속내에 섭섭함이 이루 말할 수 없었습니다.

그 날도 밤새 뒤척이다 늦게 잠들었다가 새벽녘에 인기척을 느꼈습니다. 출근 준비를 하고 있던 남편은 후닥닥 도망치듯 집을 빠져나갔습니다.

'아니… 잠깐 와서 머리에 손 얹고 열이 있나 없나 확인 한 번 하고 출근하는 게 뭐 어렵다고…'

아픈 마음에 서러움이 더해져 한참을 울었습니다. 그러다가 겨우 몸을 일으켜 카톡을 보냈습니다. 직설적으로 제 서러운 마음을 그대로 보여줬습니다.

저희 부부는 어떻게 되었을까요? 섭섭한 마음을 제대로 표현한 제게 남편은 미안함과 함께 고마운 마음을 전화로 전해왔습니다.

04 남편과 함께하는 취미활동

사임당 부부는 함께 글을 읽고, 서로의 느낌을 공유하며, 시로 묻고 또 시로 답하는 생활을 했습니다. 무척이나 낭만적이지 않습니까?

우리 여성들은 결혼하면 시댁 중심, 아이 낳으면 아이 중심, 그리고 세월이 흘러 아이들이 출가할 때 즈음이면 그제야 부부 중심으로 돌아가는 삶을 살아왔습니다. 하지만 서로의 영역에서 바쁘게 살아온 탓에 그때에는 이미 서로가 없는 각자의 생활에 너무나도 충실해져 있습니다. 그때 다시 부부 중심으로 돌아오려 하지만 왠지 불편한 이유는 뭘까요?

"아이들과 함께 할 때는 잘 몰랐는데, 나이 들어 둘이 있다 보니 내가 다른 사람하고 살고 있다는 느낌이 들더라고요. 내가 알던 내 남편이 아닌 것만 같고…."

남편과 한 공간에 같이 있는 것이 어색해서 일부러 집을 나와 버린다는 여성의 이야기를 듣고 깜짝 놀랐습니다. 한마디로 어색한 것이지요. 그런 때문인지 황혼 이혼도 점차적으로 늘어나는 추세입니다.

그런데 중년의 부부 사랑이 소년소녀 시절처럼 새콤달콤한 부부들이 있습니다. 그 부부들의 공통점은 무엇일까요? 정답은 아마 두 사람이 함께하는 즐거운 취미활동에 있을 것입니다.

부부가 스크린 골프를 치느라 바쁘고, 동호회에 가입해서 필드로 나가기도 하고, 또 해외여행을 무서워했던 아내가 외국에 골프 여행까지 함께 가니 부부 사이에 할 이야기도 많아졌다고 합니다. 게다가 백화점에 쇼핑을 가더라도 그동안은 쇼핑하는 것이 여간 불편하지 않았는데, 이제는 취미가 같아지니 골프웨어 매장에서만 둘이서 두 시간을 보내는 기적이 일어났습니다. 태어나서 처음으로 골프웨어 커플룩도 입어보고, 아이언을 휘두르며 그립감이 별로니 하며 이 매장 저 매장을 순례하다보면 어느덧 시간이 훌쩍 지나 있습니다.

"부부가 취미를 같이 한다는 것은 봄바람 불 때 설레는 연애를 하는 것과 같다."

여성잡지에서 본 그 말이 입가에 미소를 짓게 만듭니다. 취미가 같으면 대화가 통합니다. 대화가 통하면 서로를 더 깊이 이해하게 되지요.

저 역시 남편과 같은 취미를 가지고 있어서, 어느 여성잡지에서 인터뷰를 한 적이 있습니다. 한강 잠원지구에서 이뤄진 촬영과 인터뷰하는 내내 연애하던 시절이 새록새록 떠올랐는데요. 그 취미가 무엇인지 궁금하지 않으세요?

저는 여성으로서 흔하지 않은 취미를 가지고 있습니다. 즉 자동차에 관심이 많은 편입니다. 아버지가 자동차 회사에 30년 정도 근무하셨기 때문에 보고 들은 것이 많아서일 수도 있습니다. 그러다 보니 저는 남자들의 웬만한 자동차 관련 대화에는 부족하지 않을 정도의 자동차 정보 및 지식을 가지고 있습니다. 또 직업상 자가운전으로 전국을 이동하는 경우가 많기 때문에 안전 및 연비에 관해서도 거의 통달해 있습니다.

남편과 연애시절에 보통의 연인들이 커피숍에 앉아 알콩달콩 사랑 이야기를 꽃피울 때, 저와 남편은 저 차는 값이 얼마이고, 성능은 어떻고, 옵션에서 어떤 부분이 좋으며, 언제 모델이 풀 체인지가 되는지 등 자동차 관련해서만 두세 시간을 정신없이 떠들다 집에 돌아온 적도 있습니다.

남편들은 아내가 차에 대해 잘 모르기에 웬만한 부품을 바꿔도 눈치를 못 챈다고 합니다. 저희 남편은 자동차에 대한 취미가 같아 너무 행복하지만, 한편으로는 저를 속일 수가 없는 게 함정이라고 하더군요. 연애시절 저는 남편과 똑 같이 자동차를 꾸미고 다녔습니다. 추억의 사진을 한 장 보여드리겠습니다. 당시 클럽 토스카라는 동호회에서 꽤나 유명했던 쌍둥이 차입니다.

사진 속의 두 차는 한눈에 보기에도 루프스킨, 헤드램프, 휠, 엠블럼 등이 같은 쌍둥이 차라는 것을 알 수 있습니다. 신호 대기하느라 남편 차와 제 차가 나란히 건널목 앞에 멈춰 있으면 사람들이 신기한 듯 쳐다보는 그 순간, 세상에 우리 차와 똑 같은 차는 한 대도 없다며

환하게 웃었던 희열은 지금도 잊을 수 없습니다.

보통의 연인들이 연애할 때 남자가 운전하고 여자가 옆 좌석에 타고 드라이브를 즐긴다면, 저희 부부는 달랐습니다. 서로 운전대를 잡으려고 싸워대는 통에 그냥 각자의 차를 몰고 드라이브하는 걸로 결론을 지었으니까요.

이처럼 서로 운전에 자신 있다 보니 함께 차를 타고 가는 날이면 차로 인한 다툼이 잦습니다. 특히 제가 많이 참견하는 편인데, 남편이 운전할 때마다 습관처럼 옆에서 잔소리를 합니다.

"왜 깜박이는 안 켜나? 왜 이렇게 느리냐? 빠르냐?"

끊임없는 참견에 화가 난 남편이 차를 세웠습니다.

"그냥 당신이 운전해! 안 그러면 옆에서 조용히 하든가!"

착한 남편이 단단히 뿔이 났습니다. 그렇게 얼마간의 시간이 흐르고, 다시 차에 오른 남편과 나. 소리 없는 침묵만 흐르고… 이런 어색한 분위기를 날려버리는 저희 부부만의 노하우가 있습니다. 지나가는 차 얘기를 시작하면 화가 났었다는 사실마저도 금방 잊어버리니까요.

다행히 옆에 카마로 한 대가 지나갑니다. 저는 남편에게 말을 걸지요.

"저거, 카마로 아니야?"

"저건 신형 카마로지. 한국에서는 보기 힘들어. 미국에서 보면 구형이지만, 우리나라에선 신형 취급을…"

남편이 흘깃 차를 보더니 줄줄줄 차에 대한 지식을 쏟아냅니다. 이

때부터 저희 부부는 다시 사랑 가득한 부부가 됩니다. 굉장히 신기하지요?

분명 여러분에게도 해결 노하우가 있을 것입니다. 이제부터 부부싸움을 어떻게 해결하는지 우리 부부만의 노하우를 한 번 테스트해 보겠습니다.

> **우리 부부의 부부싸움 해결 방법:**
>
>
>
> 오늘 저녁 남편에게 위와 같은 질문을 해보고 내가 쓴 답이 정답인지 아닌지 체크

이렇게 부부 싸움도 간단히 해결하고, 둘이서 오랜만에 영화를 보러 가기로 했습니다. 현란한 드리프트가 나오는 자동차 영화가 개봉됐다는 소식을 들었고, 다음날 〈분노의 질주: 더 세븐〉을 조조로 보고 왔습니다. 영화를 보고 나서도 커피숍에 앉아 저 차의 차종은 무엇이며, 어떤 차가 당신 맘에 드느냐, 제로백이 얼마이며, 전 세계에 몇 대가 있니 없니 하며 폭풍수다를 떨었습니다.

그리고 그 날 서녁, 시로의 미음을 확인한 저희 부부는 결국 올레티비로 〈분노의 질주〉 전편 소장용을 구입했습니다. 그렇게 구입한

영화 3편을 연이어 보고, 남편과 차에 관해 수다를 떨고 나면 주말이 휙 지나가 버렸고, 또 다음 주말을 기다립니다. 왜냐하면 남편과 자동차 관련 수다를 떨어야 하니까요.

우리 부부는 토스카 이후로 같은 차종을 탄 적이 없습니다. 부모님이 우스갯소리로 '넌 강의 안 하면 택시기사 하면 되겠다'라고 말씀하실 정도로 저는 운행 거리가 많습니다. 1년에 6~7만km를 운행하는 (웬만한 택시기사보다 더 많은 운행거리) 저는 무조건 연비가 좋은 차, 튼튼한 차, 덩치가 큰 차, 고속주행에 안전한 차, 핸들이 무거운 차를 타야 하는 반면에 남편은 하루에 20km도 채 운행하지 않다 보니 서로의 드라이빙 스타일과 목적이 전과 많이 달라졌기 때문입니다.

하지만 우리 부부는 여전히 차에 대해서만큼은 밤을 새워 얘기해도 지겹지가 않습니다. 우리 부부처럼 부부가 함께 하는 즐거운 취미 활동이 있다면 하루하루가 더 즐거운 세상이 될 것입니다. 지금 곁에 있는 내 사람과 함께할 수 있는 즐겁고 아름다운 추억을 많이 만드시길 바랍니다.

05 고마워! 고마워!

노부부의 사랑과 이별, 삶과 죽음을 다룬 영화 〈님아! 그 강을 건너지 마오〉를 세 번이나 봤습니다. 볼 때마다 손수건을 서너 개씩 적

셔오곤 했습니다. 도대체 왜 저는 눈물을 흘렸을까요?

영화를 보신 분들께 "어떤 장면이 가장 기억에 남습니까?"라고 여쭙고 싶습니다. 저는 할아버지가 잠든 할머니의 모습을 애처롭게 바라보며 힘겹게 손을 들어 할머니의 볼을 만지는 순간입니다. 기침이 심해져서 제대로 말을 잇지 못하셨지만, 그 눈빛은 아내에게 고맙다는 말을 연신 쏟아내고 있었습니다.

볕 좋은 봄날, 어린아이처럼 꽃을 귀에 꽂고 장난을 치는 두 분의 대화에서 빠지지 않는 말이 있습니다. 뭘 해도 고맙고, 뭘 해도 고맙습니다가 빠지지 않습니다. 꽃을 귀에 꽂아줘서 고맙고, 낙엽을 쓸어줘서 고맙고, 같이 장을 나가줘서 고맙고, 맛있게 잡숴 줘서 고맙다고 합니다.

도대체 뭐가 그렇게 고마운 걸까요? 할머니가 저와 달랐던 점은 한 가지입니다. 제가 당연하게 받아들이는 것을 할머니는 고마움으로 받아들인 것이지요. 그래서 저는 거꾸로 접근해보기로 했습니다. 당연한 것들을 찾아보기로 한 겁니다.

그렇게 내 삶에 있어 당연한 것들의 리스트를 작성하다 보니 그동안 잊고 있던 고마운 것들이 보이기 시작했습니다. 숨 쉬는 것, 이 자리에 있는 것, 일을 하는 것, 안정적인 삶을 사는 것, 건강한 것, 살 집이 있는 것, 튼튼한 차가 있는 것 등 세상 모두가 고마운 것들이었습니다.

하지만 저는 인지하지 못했습니다. 영화 속의 할머니를 보기 전까지는 말입니다. 주변을 둘러보면 일곱 살 딸아이가 막 뛰어다니며 집 안 이곳저곳을 어지럽히고 있습니다.

"아이구, 내가 너 땜에 못살아!"

우리 엄마들이 입버릇처럼 내뱉는 말입니다. 헌데 일곱 살 아이가 뛰어다니는 것은 참으로 감사한 일입니다. 일곱 살 아이가 기어 다니면 그게 더 이상한 일 아닐까요?

우리 삶에서 당연한 일이 곧 고맙고 감사한 일입니다. 더 늦기 전에 당연한 일을 찾아서 그 일에 고마운 내 마음을 전해보는 것은 어떨까요?

06 부부니까 가능한 충고

사임당의 남편 이원수가 10년 동안 공부를 했지만 아직 이렇다 할 벼슬을 못하고 당시 영의정이던 이기의 집을 들락거리게 되었습니다. 이기와는 종숙과 조카라는 친척 관계도 있어 쉽게 벼슬을 구하기 위해서였습니다.

이 사실을 안 사임당이 말했습니다.

"서방님, 서방님께서 요즘 왕래하는 그 분은 마음이 어질지 못한 분입니다. 그 댁에 출입하지 않으시는 것이 좋겠습니다."

"아니, 부인! 그게 무슨 말이오?"

"그 사람처럼 어진 사람들을 해치고 권세를 탐한 사람은 언젠가는 화를 입게 됩니다. 서방님도 괜히 옆에 있다가 화를 입으실까 걱정이 됩니다."

"부인은 모르시는 모양이오. 그 분의 권세를 누가 감히 꺾겠소."

사임당은 잠시 기다렸다 차분하게 말을 이었습니다.

"아닙니다, 서방님! 오르막이 있으면 반드시 내리막이 있다고 했습니다. 공자의 말에 바른 길에서 얻은 것이 아니라면 그것이 아무리 귀하고 높은 것이라도 뜬구름과 같다고 했습니다."

사임당의 말이 사리에 맞는다고 생각한 이원수는 그 날로 이기의 집에 드나들지 않았습니다. 결국 이원수는 사임당의 충고 덕에 '을사사화乙巳士禍' 때 연루되지 않고, 화를 모면할 수 있었습니다.

위의 일화에서 알 수 있는 것처럼 사임당은 남편을 섬기되 옳은 일에는 옳다, 잘못된 일에는 잘못되었다는 말로 진심어린 충고를 했습니다.

제 남편은 평소 자신의 회사 관련 질문을 제게 많이 합니다. 누가 승진을 했고, 그에 대한 자신의 의견은 이러한 데 어떻게 생각하느냐? 자신의 생각이 맞는지 판단해 달라고 끊임없이 물어옵니다.

이런 질문을 받았을 때 처음에는 저도 무척이나 당황스러웠습니다. 뭐라고 답을 해야 할지 리더십 강사인 저로서도 갈등이 많았습니다. 제가 난감해 하고 있을 때 남편이 다시 한 번 나지막한 목소리로 말했습니다.

"솔직히 말해 줘. 자기의 진심어린 충고가 필요해."

정말로 남편이 제 의견을 듣고 싶어 하는 것 같아 저는 제 생각을 아낌없이 전했습니다. 남편은 그때서야 뭔가를 결심한 듯 속 시원한 표정을 지었습니다. 그리고 다음날 남편이 회사에서 카톡을 보내왔습니다.

"자기야! 내가 고민하던 부분이 자기 덕에 해결됐어! 내 아내의 현명한 지혜를 보여줘서 고마워!"

부부라는 이름의 어쩌면 가장 가까운 사이인 우리는 서로에게 충고할 때 흔히 "나니까 말해주는 거야!"라고 말합니다. 하지만 '다른 사람이 아닌 너란 사람이 그 말을 해서 난 마음에 상처가 났어'라고 아파해 할 수도 있습니다. 가까운 사이일수록 말을 할 때는 조심하고 또 조심해야 합니다. 가까우니까 그에 대한 믿음이 더 깊고, 믿음이 깊은 만큼 생채기도 더 깊어집니다. 솔직한 충고가 필요할 때 서로에게 좋은 효과를 가져다주기 위해서는 상대방의 마음 상태가 어떤지에 대한 관찰이 필수입니다.

07 남편 말 알아듣기

"자기! 마실 것 좀 없어?"

퇴근한 남편이 막 샤워를 마치고 갈증이 났는지 급하게 음료수를 찾습니다. 저는 마실 뭔가가 있었나? 하고 생각을 하다 엊그제 사다 놓은 사과 주스가 생각났습니다.

"냉장고에 사과 주스 있어! 그거 마셔."

저의 대답을 들은 남편은 피식 웃습니다.

'왜? 내가 뭘 잘못 말했나?'

남편이 어리둥절해 하는 제 곁으로 다가와 조용히 속삭입니다.

"내가 사과 주스가 냉장고에 있는 걸 몰라서 물었을까? 자기가 가져다 줬으면 해서 얘기한 거지."

머리를 아주 세게 쾅 얻어맞은 듯한 이 느낌! 제가 관공서와 기업체들에 남편과의 의사소통이나 대화법 등을 강의하러 다니지만, 정작 제 남편의 말귀를 제대로 알아듣지 못했다는 것 아니겠어요?

하지만 여기에는 분명한 이유가 존재합니다. 남편이 '마실 것이 있는지 없는지 진짜 궁금해서 묻는다'고 생각한 저의 오해와 '있으면 가져다 줘'라고 추가부탁을 하지 않은 남편의 실수가 만든 합작품입니다.

이런 일들이 자주 되풀이되다 보면 "역시 우린 안 맞아!"라고 싸울 때마다 나오는 단골 래퍼토리가 되기도 합니다. 어떻게 방지할까요?

아내와 남편 둘 중 한 사람만 변화하기만 해도 결과는 완전히 달라집니다. 마실 것이 있냐는 남편의 말에, 첫째는 있는 그대로의 답을 할 것! 그리고 두 번째는 그 안에 숨겨진 뜻을 분석해서 내가 먼저 물음표를 던지면 됩니다. "마실 것 갖다 줄까?" "더 필요한 건 없어?" 라고 물어보면 이런저런 오해들과 멀어질 수 있습니다.

남편: 지난번에 먹다 남은 와인 어디 있지?
아내: 1단계 – 있는 그대로 답하기: 그 와인, 내가 창고방에 뒀어.
　　　2단계 – 숨겨진 뜻을 분석해서 물음표 던지기: 그거 갖다 줄까? / 그거 먹고 싶어? / 와인 먹고 싶어? / 와인 한 잔 할까?

남편: 이번 내 헤어스타일 어때?
아내: 1단계 –
　　　2단계 –

남편: 이번 주에 무슨 좋은 계획 있어?
아내: 1단계 –
　　　2단계 –

남편: 우리가 해외여행 간 지 얼마나 됐지?
아내: 1단계 –
　　　2단계 –

제 4 장

세상의 절반을 넘어 세상의 전부로

1
내 삶에 대한 재해석

"강사님, 제가 좀 이상해요. 저는 다시 태어나고 싶어요. 죽고 싶다는 생각을 해본 적은 없지만, 제 과거가 한꺼번에 '펑' 하고 몽땅 사라졌으면 해요. 다른 사람들이 제 과거를 몰랐으면 좋겠어요. 정말 과거를 잊을 수 있는 알약이 있으면 몇 억원을 주고라도 사먹고 싶은 심정입니다."

여러분! 이 여성은 정말 이상한 사람일까요? 물론 '왜 저런 생각을 하지?' 하는 의구심을 가지는 분도 계실 겁니다. 하지만 저는 이 분을 이해할 수 있을 것 같습니다.

"그 생각은 누구나 하는 것 아닌가요?"

왜냐하면 저도 그런 생각을 하거든요. 초시계처럼 리셋 기능이 있었으면 좋겠다는 생각입니다. 아마 과거에 내가 했던 실수가 있거나, 아쉬움이 많이 남아 있는 일들에 대한 후회가 있나 봅니다. 과거는 바꿀 수 없는 것이라서 뭘 선택했든 후회가 남기 마련인데요, 정작 과거로 돌아가서 다른 선택을 하더라도 현 시점에서 다시 과거를 본다면 또 다른 의미의 후회가 남을 것입니다. 다시 말해 무슨 선택을 하든 우리는 후회하게 되어 있다는 말이지요.

그렇다면 그냥 과거를 그대로 묻어두는 것이 가장 현명하지 않을까요? 그때 거길 안 갔었어야 했어, 그때 선택하지 말았어야 했어, 그때 포기했으면 됐을 텐데… 이런 후회는 더 이상 내게 도움이 되지 않습니다. 이미 지난 과거일 뿐입니다.

여러분은 혹시 남의 과거나 지난 실수를 기억하며 "아이고, 그때 걔가 그러는 게 아닌데." 뭐 이런 생각을 하십니까? 내 생각과 가족들 생각하기에도 모자라는 시간입니다. 즉 세상 사람들은 생각보다 남의 일에 대해 오래 기억하지 않습니다.

내 과거가 이랬건 저랬건 그들은 기억조차 하지 않습니다. 나만 기억하고, 나만 묻어두고, 나만 슬쩍 꺼내보는 것이 과거랍니다. 내가 잊어버리고, 내가 모르고, 내가 꺼내보지 않으면 이 분처럼 과거가 사라졌으면 좋겠다는 고민을 하지 않습니다. 그러니 더 이상 괴로워 말고 맘 편히 먹으세요. 내가 했던 실수는 내가 눈감아 주면 아무 일 없습니다.

제가 생각해도 저 역시 실수를 많이 합니다. 하지만 당장 오늘 만나는 동료강사에게 "내가 요 근래에 네게 한 실수 10가지만 대 봐!" 라고 물으면, 아마 한참을 고민해도 한 가지 나올까 말까입니다. 그러니 너무 괴로워 말고 맘 편히 자신의 과거를 따뜻하게 끌어안고 들 추어내지 마세요. 자신의 과거는 자신만이 감싸줄 수 있습니다.

이제부터 그런 시각으로 자신의 삶에 대해 재해석을 시작해볼까 요. 과거는 잊고, 온전히 지금과 미래를 위해 살아가는 것입니다. 그 럼 "앞으로 어떻게 하는 게 좋을까?"라는 질문에서 시작하게 될 것입 니다. "어떻게 했으면 좋았을까?"가 아니란 말입니다. 내 삶을 보는 방향부터 바꿔서 더 괜찮은 내 삶을 만들어 가면 되는 것이지요.

저는 지난 과거를 웃으면서 마주할 용기는 아직 없지만 그래도 과 거에 얽매여 현재를 놓치고 있지는 않습니다. 그 중심에 바로 제 삶 을 재해석하는 기능이 있는 것이지요.

2
지금의 '나'라서 좋은 점 찾기

"지금의 '나'라서 좋은 점은 무엇이 있나요?"

이런 질문을 드리면 대부분 의아해 하는 모습입니다. 그 다음이 "좋은 점요? 없는데요!"라는 반응입니다. 어딜 가나 이런 대답을 듣습니다. 물론 자랑질에 익숙지 않은 우리나라의 문화가 겸손으로 둔갑해서 나오는 것이기도 하지만 조금 씁쓸하지요.

저도 여러분과 똑같습니다. 나라서 좋은 점보다는 나라서 안 좋은 점이 더 많더군요. 다시 태어나면 키도 165cm 이상 됐으면 좋겠고, 팔다리도 길쭉길쭉했으면 좋겠고, 음식도 좀 잘했으면 좋겠고, 애교도 많았으면 좋겠고, 언어능력과 암기력도 뛰어났으면 좋겠고, 수학도 잘했으면 좋겠고, 글을 잘 쓸 수 있으면 좋겠고…

하지만 저는 과감히 도전해보았습니다. '나'라서 좋은 점이 뭐가 있을까? 지금부터 나열해 보겠습니다. 그래도 패션 감각은 좀 있지.

싫고 좋음이 확연히 구분되는 성격이 좋아. 어떤 새로운 일이든 "못하겠어요"라기보다는 "해볼게요"라는 말을 잘하지. 키가 작지만 이 정도면 아담 사이즈? 풋!

여러분도 용기를 내어 한 번 도전해보세요.

> **지금의 '나'라서 좋은 점:**

3
나만의 행복공간이 있는가?

얼마 전, 강의를 마칠 즈음 제게 상담을 요청한 여성이 계셨는데 매사에 자신이 없고, 즐겁지도 않고, 밥 먹는 것조차 귀찮다고 말씀하셨습니다. 이 이야기를 옆에서 같이 듣고 있던 교육생 한 분이 "혹시 우울증 아니에요?"라고 묻자 그 분은 불같이 화를 내며 황급히 자리를 뜨셨습니다.

사임당 역시 친정부모님이 그립거나 일이 잘 풀리지 않을 때, 혹은 반대로 기분이 상당히 좋을 때에도 그림 도구들을 챙겨들고 밖으로 나갔습니다. 해가 빛나고, 바람이 불어오는 가운데 시시각각으로 달라지는 풀꽃과 열매, 이파리들의 고운 빛깔들을 기분 좋게 담아냈습니다. 좋아하는 무언가에 몰두하는 만큼 행복을 느꼈던 것입니다.

한 TV 드라마에서 엄마의 휴가가 화제기 된 적이 있습니다. 단지 엄마가 집이 아닌 다른 곳에서 휴식을 취하며 머무는 것이 아니라 정말 자신만의 공간이 필요했던 것을 알려주는 중요한 대목이었습니다. 어쩌면 엄마사람이 행복을 느낄 수 있는 공간을 이야기하는 것이 아니었을까요? 보통 드라마에서 회장님들은 서재에서 여유를 느끼고, 아이들은 다락방 혹은 캐노피가 있는 자신만의 작은 성에서 즐거움과 행복을 느낍니다.

그럼 엄마사람은 어디서 행복을 느낄까요? 이런 질문보다 차라리 '맏며느리나 전업주부들은 드라마에 등장할 때 어디에 있는 모습이 가장 많이 그려질까요?'라고 묻는 게 낫겠습니다. 어디일까요? 가슴 아픈 현실입니다만 바로 주방이지요.

여러분께 묻겠습니다. 주방에서 행복을 느끼십니까? "네"라는 대답도 있지만, "아니오"라는 대답이 더 많은 것 같습니다. 누군가에게는 설거지 스트레스 왕국이었던 주방이 또 다른 누군가에게는 내가 만든 요리를 가족이 먹는다는 설렘으로 판을 벌려 굽고, 지지고, 볶으면서 중간중간에 치우고, 정리하고… 그것이 보람과 기쁨입니다. 자신이 행복을 느낄 수 있는 자신만의 공간을 확보하기만 해도 우울증을 예방한다는 연구 결과도 있습니다.

음식 솜씨가 서툰 저는 주방에 들어가야 한다는 생각만으로도 가슴이 답답해져 옵니다만, 누군가에게는 주방이 행복을 찾을 수 있는 자신만의 공간이 되기도 한다는 것이 중요한 사실입니다. 저는 강의안을 만들며 약간의 스트레스를 느끼기도 하지만 그래도 설렘이 더 많은 제 사무실이 행복을 느끼는 단 하나의 장소입니다.

여러분의 행복공간은 어디입니까?

내가 행복을 느끼는 나만의 행복공간은 어디인가요?

4
혼자 여행을 떠나지 못하는 이유

부부싸움으로 화가 난 영애 씨. 20년을 살면서 처음으로 돌출된 남편의 손찌검에 놀라 황급히 짐 가방을 싸서 집을 뛰쳐나왔습니다. 지하주차장으로 내려가서 남편의 차에 올라탄 그녀는 아무리 홧김에 나온 행동이라지만 분하고 억울해서 30분을 그렇게 멍하니 앉아 있었습니다.

운전도 서툴고, 혹여 자동차 키를 챙겨나간 자신을 걱정해서 지하주차장으로 남편이 사과하러 오지는 않을까 하는 마음에다 이런저런 생각을 하다 보니 한 시간이 훌쩍 지나 있었습니다.

어디로 가야 하나? 오라는 곳도, 가고 싶은 곳도 없는 영애 씨는 가슴이 먹먹해져옵니다. 짐 가방도 차에 두고 아파트를 빠져나와 혼자 터벅터벅 하염없이 걷던 중 머릿속에 떠오르는 그곳으로 가기 위해 영애 씨는 시외버스터미널로 향했습니다.

달리는 버스에서 창 밖을 보는 건지 눈물을 닦는 건지 한참을 고개 돌려 바깥 풍경만 바라봅니다. 잠시 후 그녀가 도착한 곳은 다름 아닌 남편과 연애시절 자주 갔던 한적한 어촌 바닷가의 한 식당!

문 닫은 식당 앞에서 소리 내어 엉엉 울고 있는 영애 씨. 남편과 헤어질 각오로 짐 가방까지 싸서 나왔건만, 마음을 정리하러 온 곳이 남편과의 추억의 장소라니… 게다가 자신의 처지보다 당장 엉망이 되어 있을 집안일들과 아이들 숙제가 오히려 걱정되는데다가, 무수한 날들을 남편과 함께 보내서 그런지 남편이 빠진 추억이 하나도 없는 자신이 서러워 더 크게 소리 내어 울었답니다.

우리 엄마사람들은 매일매일이 바쁩니다. 매일 뒤쫓아 다녀야 하는 아이들과 크게 드러나진 않지만 해야 할 일이 가득 쌓인 집안, 남편의 업무 스트레스와 건강, 나아가 시댁과 친정 식구들의 걱정으로 몸도, 마음도 쉴 틈조차 없습니다.

얼마 전, 한 교육업체에서 여성들에게 '혼자 떠나는 여행'에 대해 어떻게 생각하고 있는지 설문조사를 실시했습니다. 48%의 여성들이 '부럽다. 나도 언젠가는 떠날 계획을 하고 있다'고 답했고, 32%의 여성들이 '혼자 떠나는 여행은 현실적으로 어렵다'고 답했습니다. 왜 80% 이상의 여성들이 훌쩍 떠나지 못하고 그저 바람으로 두고 있었을까요?

첫 번째는 모든 여건이 갖춰진 뒤에 떠나려고 하기 때문에 결국 나보다는 가족들에게 먼저 맞추게 되고, 결과적으로 내 여행은 점점 뒤로 밀리기 때문입니다. 두 번째는 아이들 걱정과 여행 경비 때문이었는데요. 39%의 여성이 혼자만의 여행에 50만원 이상이 필요하다고 답을 했고, 24%의 여성은 10~30만원 정도의 경비가 필요하다고 답했습니다. 더 중요한 것은 그만큼의 여행 경비가 없어서 여행을 떠나지 못하는 것이 아니라 경비는 있지만 내 여행 경비로 쓰는 것보다 아이들 학원비나 생활에 보탬이 되고자 하는 희생정신 때문에 결국 여행을 떠나지 못하는 것이었습니다. 그리고 수포로 돌아간 여행계획 말미에는 언젠가는 꼭 갈 거라는 희망이 새롭게 싹트고 있었습니다. 어쩌면 이런 희망조차 없이 산다면 너무 힘들고 어려운 삶이 아닐까, 그래서 스스로 희망을 다시 가지는 게 아닐까 하는 생각이 들었습니다.

여행도 연습이 필요합니다. 갑자기 4박5일 푸켓으로 홀연히 떠날 수는 없습니다. 서울에서 청주까지, 또 서울에서 대구까지, 서울에서 광주가 고향인 친구집까지 조금씩 나 자신을 위해 시간을 할애하시기 바랍니다.

현명한 부모는 자신의 행복을 먼저 선택한다고 합니다. 꼭 스트레스를 풀기 위해 여행을 가는 것이 아닙니다. 분위기 전환뿐만 아니라 더 여유롭고 행복한 삶을 위해서라도 혼자 떠나는 여행을 시도해보기를 권합니다.

5
친구가 없는 여자들의 관계

사임당이 동네잔치에 참석했습니다. 여느 사람들과 달리 사임당은 늘 겸손했고, 알아도 모르는 척, 말을 많이 하기보다는 상대의 기를 살려주며 이야기를 들어주었습니다. 현대어로 번역하자면 멀지도 가깝지도 않는 인간관계의 기술을 보여준 셈입니다.

여자들의 베스트 프렌드가 시간의 흐름에 따라 어떻게 변해 가는지에 대해 누군가 이렇게 묘사했습니다.

어린 아이일 때 단짝이 있습니다. 둘은 유치원에서도 같이 놀고, 엄마들도 아이들에게 단짝만 있어 든든해 하지요.

초등, 중등, 고등학교 시절에는 학교를 가든, 학원을 가든 무리지어 친한 친구들끼리 돈독한 사이를 유지합니다.

대학시절은 연애하기에 딱 좋은 시절이지만 동기들은 거의 취업준비에 신경을 썼습니다. 이때 만난 베스트 프렌드는 남자 친구일 확률이 높습니다.

결혼을 합니다. 신혼 때도 베스트 프렌드는 남편! 그러다가 아이가 태어나 꼬물꼬물 움직이면 이때부터 베스트 프렌드는 아이!

그 아이가 유치원에 갑니다. 초등학교에 들어갑니다. 학부모 모임에서 만난 언니동생이 베스트 프렌드가 되지요.

아이가 중고생이 되면 그제서야 엄마 스스로 '진정한 내 베스트 프렌드는 어디 있지?' 하고 생각을 한다는군요.

그래서 남자들이 여자의 우정이나 의리를 얇다거나 끈끈하지 않다고 말하나 봅니다. 그냥 우스갯소리니까 너무 상처받지 않았으면 합니다.

저는 친구가 많은 사람들을 부러워합니다. 20대부터 일중독자라는 얘기를 들으며 지냈기 때문입니다. 게다가 프리랜서라는 직업은 모든 일을 혼자 처리해야 할 때가 많습니다.

짧은 직장생활 때는 그렇게도 싫던 회식이 그립던 어느 날, 우연히 친구 수정이와 카톡을 주고받았습니다. 매주 친구들과 약속이 있고, 자주 해외여행을 가고, 연락할 때마다 늘 바쁜 수정이. 그녀를 만나려면 저도 예약 아닌 예약을 해야 합니다. 인기녀 수정이에게 친구가 많아 부럽다고 하자, 그녀는 놀라운 사실을 털어놓았습니다.

"늘 이렇게 친구들 위주로 살다보니 가끔은 내가 없는 것 같아. 어느 모임이든 내가 안 나가면 나 스스로가 이상해서 하루에 두세 모임을 나가고, 그들과의 관계를 이어나가는 거야. 한참 웃고 떠들고 즐겁게 친구들을 만나다가 집에 돌아오면 뭔가 모를 허전함이 있어. 난 데면데면한 친구 여러 명보다 딱 한 명의 베스트 프렌드가 필요한데…"

여러분에게는 그 딱 한 명이 누구인가요? 강의 중에 이런 질문을 하면, 20~30대 미혼여성들은 친구들 이름이 끊어질 줄 모르고 줄줄 흘러나옵니다. 그리고 그 베스트 프렌드에는 엄마가 꼭 들어 있습니다.

그런데 기혼여성들은 놀라운 답을 합니다. 한두 분도 아니고 대다수의 어머니들이 이구동성으로 외칩니다.

"없지! 강사님, 진정한 친구는 없습니다."

그래서 우리나라 중년여성들이 가장 듣고 싶어 하는 말이 "내가 지켜 줄게"입니다. 내 편이 없다는 것을 인지한 중년여성들은 대부분 베스트 프렌드가 친정엄마라고 말씀하셨고, 열에 한 분 정도만이 남편이라고 말씀하셨습니다. 이런 현상이 왜 생기는 걸까요?

생각해보니 저 역시도 그렇더군요. 제가 마음을 나누는 단 한 명의 그녀를 찾아가볼까요? 제가 6년 2개월간 몸을 담았던 은행에서 7명의 은행 동기들이 계모임을 시작했는데, 결혼적령기에 7명 중에 5명이 결혼했습니다. 그리고 조금 늦었지만 제가 여섯 번째로 결혼하게 되었고, 지금은 현애 혼자만 미혼으로 남아 있습니다.

얼마 전, 현애와 통화하던 중에 우리 일곱 명이 14년 전처럼 함께 어디론가 놀러가고 싶다는데 마음이 모아져서 모두에게 연락했습니다. 하지만 제각기 처한 상황이 달라 날짜를 정하기조차 어려웠습니다. 대충이라도 날짜를 정해 통화하면 그 날은 누구네 시댁 제사가 있고, 다른 친구가 일정이 괜찮으면 또 다른 친구가 결혼식에 가야한다고 하고, 누구는 그 날 아이 맡길 데가 없다는 이유로 결국은 흐지부지되어 버렸습니다. 그럼 시간되는 친구들끼리 만이라도 보자고 했지만 그마저도 전날 취소되어 버렸습니다. 결혼을 하면 친구들 만나는 것도 어려워집니다. 모두 공감하시나요?

하지만 한 번 친구는 영원한 친구입니다. 제게 진정한 우정을 가르쳐준 한 친구가 있습니다. 23세 때 처음 만났으니 16년지기 친구라고 하겠습니다. 제가 가장 사랑하는 친구, 20대를 함께 보낸 소중한 그녀가 위암 판정을 받았습니다.

어느 날, 강의 중에 제 휴대폰이 진동하기 시작했습니다. 그냥 "영쓰" 라고 뜨는 휴대폰이 그날따라 애절하고 슬퍼보였습니다. 강의중이라 받지 못하고, 쉬는 시간에 휴대폰을 들고 전화를 했습니다. 그냥 제 목소리가 듣고 싶어서 전화를 했다는 가영이의 말을 듣고, 뭔가 사연이 있음을 직감하고 제가 다시 물었습니다.

"너 무슨 일 있지? 무슨 일이야?"

친구는 말을 잇지 못했습니다. 그저 한참을 서럽게 울기만 했지요. 그녀가 아직은 말할 준비가 되어 있지 않나 봅니다. 강의 중간의 짧은 휴식시간이라 길게 통화하지 못하는 저를 아는 그녀는 나중에 통화하자는 짧은 말만 하고 전화를 끊어 버렸습니다.

다음 강의를 마치고 다시 전화를 걸어 그녀에게 자초지종을 물었더니, 그냥 갑자기 제 목소리를 들으니 우리가 함께 보낸 지난 시절이 생각나서 울었다는 겁니다.

하지만 뼛속까지 속일 수는 없는 게 여자들의 우정이지요. 저의 계속되는 채근에 그녀가 겨우 입을 열었습니다.

"유진아! 나, 위암이래."

갑작스런 충격으로 정신이 혼미할 지경이었지만, 저는 정신을 차리고서도 도저히 믿기지가 않았습니다.

"네가 괜찮다고 말해 주면 정말 괜찮을 것 같아서…. 너한테 그 말이 듣고 싶어서 전화했는데, 갑자기 숨이 막히면서 눈물이 나는데, 왜 그런지 나도 모르겠어."

아무에게도 말을 못하고, 그녀는 오랜 친구인 제게 전화를 했던 겁니다. 오늘도 저는 친구의 건강을 위해 기도합니다.

저는 '레몬테라스'라는 인터넷 카페를 자주 들어가 봅니다. 거기에는 '결혼식에 참석하지 않은 절친과 절교하고 싶다'는 글이 종종 올라옵니다. 네! 저도 이해합니다. 저도 결혼할 때 얘는 꼭 초대하고 싶은 친구, 얘는 부르기도 미안한 친구, 얘는 좀 애매한 친구 등으로 자연스럽게 나눠지더군요.

꼭 와줬으면 하는 친구가 못 온다고 연락이 왔습니다. 저보다 네 달 뒤에 결혼을 하는데 사정이 있어 참석이 어려웠던 것입니다. 넓은 맘으로 이해해 주고 싶었지만, 아쉬움이 큰 만큼 속상함도 커졌습니다. 결국 저도 강의 때문에 그 친구 결혼식에 가지 못했습니다. 하지만 미안함이 좀 덜한 것은 있더라고요. '너도 사정상 못 왔으니 나도 사정상 못 가는 것을 넌 이해하겠지?' 하는 마음이 컸나봅니다.

여러분에게도 "내 결혼식에 참석해준 네게는 무슨 일이 있더라도 꼭 가야지"라는 마음이 있지요? 저도 그렇더라고요. 제 결혼식에 어린아이 셋과 함께 와준 친구가 있는가 하면, 태어난 지 100일도 안 된 쌍둥이를 데리고 참석해준 고마운 인연도 있습니다. 그들에게 감사하는 제 맘을 표현하는 것은 단 하나! 나도 당신들을 위해 천 리 길 마다않고 달려가는 것 아니겠습니까? 이런 고마움을 나눌 수 있는 모두가 친구입니다.

여자들에게 소중한 친구는 한 명이면 족하다고 합니다. 남자들은 여러 명과 의리를 나눠야 힘이 생기지만, 여자들은 단 한 명과의 의리만 있으면 세상을 다 가진 듯한 느낌을 받는다고 합니다.

단 한 명의 그녀가 여러분에게 있습니까? 그녀와 연락한 지는 얼마나 되셨나요? 당장 휴대폰을 들어 그녀에게 문자나 전화를 해보시기 바랍니다. 그녀도 알게 될 겁니다. 세상에 단 한 명의 그녀가 당신이란 것을!

나의 소중한 단 한 명의 그녀는 누구인가요?

그녀와의 추억:

6
사임당의 '나도 그래!'

사임당이 한양에 올라온 지 얼마 되지 않았을 때, 먼 친척뻘 되는 부인들이 새색시를 볼 겸해서 집으로 놀러왔습니다.

"며느리가 착할 뿐만 아니라 수놓는 솜씨도 좋고, 그림을 잘 그린다네요."

누군가의 덕담에 한 분이 말합니다.

"여자가 그림을 아무리 잘 그려봐야 화가가 될 수 있겠어요? 그리고 글공부는 해서 뭐하게요? 과거를 볼 것도 아닌데…"

이 일화를 현대판으로 옮겨 보겠습니다. 결혼 후 시댁의 먼 친척들에게 인사하는 자리에서, 그림을 좀 그리고 책을 좀 쓰는 며느리라고 소개하자, 한 분은 그림도 잘 그리고 책도 쓰고 참으로 훌륭하다고 칭찬해 줍니다. 그런데 다른 분이 "그림 잘 그린다고 돈이 되긴 해요? 허우대 좋은 것보다 먹고 살기에 적합한 현실적인 직업을 가져야지"라고 말하는 것과 똑같습니다. 제가 그 자리에 있었다면 아마 서러움을 견디지 못해 엉엉 울지 않았을까 싶습니다.

이때 사임당은 현명한 언어를 사용해서 주변관계를 정리합니다.

"그래요. 다 쓸데없는 일이지요. 여자는 그냥 살림 잘하면 되고, 남편 시중 잘 드는 게 최고지요."

상대의 말에 일단 수긍하는 "그래!" "나도 그래!"라는 말에는 묘한 기운이 있습니다. 이 한마디 말에 여자들은 친구가 되기도 하고, 불편한 관계가 정리되기도 합니다. 그 말에는 "그래 네 말이 맞아." "나도 그렇게 생각해." "네 말에 전적으로 동의해"라는 뜻을 내포하고 있습니다.

위의 일화처럼 사임당이 처했던 상황에서 어떻게 말을 해야 하나 고민이 되는 순간, 혹은 처음 보는 낯선 사람들과의 조금은 불편한 상황에서 "그래!" "나도 그래!"는 가장 유용하게 활용할 수 있는 말이 아닌가 싶습니다.

남의 이야기를 들어주는 것을 미덕으로 삼았던 사임당처럼, 잘 들어주되 상대가 하는 말에 "그래!" "나도 그래!"라는 말을 우리도 유용하게 활용해 봅시다.

저는 직업이 강사입니다. 말을 하는 직업이고, 늘 강단에서 교육생들과 소통을 하지요. 그래서 그런지 많은 분들이 오해를 합니다. 제 성격이 아주 밝고 씩씩하며, 유쾌 상쾌 통쾌하고 사람에 대한 두려움이 없을 거라고 말입니다.

왜냐고요? 강사가 사람에 대한 두려움이 있으면 강단에 설 수 있겠습니까? 강사가 낯가림을 심하게 하면서 "오늘은 사람들이 너무 낯설어서 강의를 못하겠어요"라고 말하며 강의를 포기하겠습니까? 결코 그렇지 않습니다. 스스로 그 상황을 견디고 극복해나갈 뿐입니다.

사실 저는 낯가림이 무척이나 심한 사람입니다. 보통의 경우 특강이 끝나면 교육담당자와의 식사 자리가 마련됩니다. 저는 강단에 설 때의 긴장보다 이 식사 자리의 긴장이 더 큽니다. 무슨 말을 해야 하는지, 어디까지 오픈해야 하는지, 묻는 말에 뭐라고 답해야 하는지 머릿속은 복잡해서 밥이 코로 들어가는지 입으로 들어가는지 모를 정도입니다.

제 친구 한 명이 우스갯소리로, 저와 상대방이 친한지 그렇지 않은지를 한눈에 알아보는 방법을 터득했다고 합니다. 제가 그 상대와 밥을 먹는지 먹지 않는지만 보면 알 수 있다고 합니다. 더 나아가 밥을 먹으면서 말을 하는지 그냥 밥만 먹는지만 봐도 그 자리가 편한지 불편한지가 파악된다고 합니다.

저는 가볍게 웃으면서 들었지만, 뭔가 모를 찔림이 있었습니다. 아무래도 편한 사람과 식사를 하고픈 저의 마음이 커서 불편한 자리에서 입을 꾹 다무는 경향이 있었고, 그런 저의 모습으로 인해 함께 식사를 하던 분들도 불편해하지 않았을까 합니다. 입을 다물고 좋은 말로 경청이라 둘러댔던 제 모습을 반성하면서 앞으로 사임당처럼 상대의 말에 "그래! 나도 그래!"라고 수긍하는 연습을 해봅니다.

7
스스로 상처받지 말자

유치원 햇님반 엄마들이 참관수업에서 처음 만났습니다. 지민 엄마, 서은 엄마, 민아 엄마는 하나같이 밝은 성격으로 금방 친해졌습니다. 그 후에 세 엄마는 자주 만나 밥을 먹고, 커피도 마십니다. 만나면 서로 약속이나 한 듯 차례로 돌아가며 밥을 삽니다.

어느 날, 민아 엄마가 순서도 아닌데 갑자기 밥을 사겠다고 합니다. 지민 엄마도, 서은 엄마도 상당히 놀랐습니다.

"언니들, 어제 우리 민아까지 챙겨주고 너무 고마워서 오늘은 꼭 제가 사고 싶어요. 오늘 식사는 제가 사게 해주세요. 네?"

민아 엄마의 말에, 오늘 밥을 살 차례였던 지민 엄마가 말합니다.

"그러면 그냥 점심 특선메뉴로 시킬 걸. 난 내가 산다고 대접해 주려고 3만원짜리로 시켰거든. 너무 부담되는 거 아냐? 얼마 전에 집도 이사했잖아."

그러자 옆에 있던 서은 엄마가 거듭니다.

"에이그 언니! 언니보다 민아 엄마가 더 잘 살아. 그런 걱정하지 마!"

지민 엄마는 그 말을 들을 때는 가만히 있었지만, 생각할수록 뼈가 있는 말 같아 그 날 종일 기분이 상했습니다. 괜히 분하고 속상해서 잠을 청하지도 못합니다.

'뭐 누가 더 잘 살고 못 살고 그런 게 궁금해서 그랬나, 내가 그냥 생각 없이 비싼 밥을 시켰으니까 미안해서 그렇지. 속상하네, 참…'

며칠이 지나도록 지민 엄마는 모임에 나갈 생각이 없습니다. 혼자 맘이 비틀어진 그녀는 가만히 있어도 더 괴롭기만 합니다. 며칠 뒤 민아 엄마에게 솔직하게 털어놨습니다.

어색한 사이를 바로잡기 위해 민아 엄마가 두 사람을 한 자리에 불러 모았습니다. 지민 엄마는 어색해서 서은 엄마를 제대로 못 쳐다보는 반면, 서은 엄마는 지민 엄마를 끌어안으며 반갑게 맞이했습니다. 이게 무슨 차이일까요?

서은 엄마의 한마디를 꽁꽁 맘속에 담아뒀던 지민 엄마와는 달리, 서은 엄마는 당시 지민 엄마 맘 편하라고 한마디했기에 기억조차 못 하고 있었습니다. 지민 엄마 혼자 맘을 썩였던 것입니다.

세상 살아가면서 누구나 상처는 받을 수 있습니다만, 제풀에 상처 받지는 말자고요. 지민 엄마는 상처를 준 사람도 없는데 혼자서 상처 받은 경우라 할 수 있습니다.

저도 혼자서 상처를 잘 받는 사람입니다. 하지만 상처를 준 사람이 누군지, 왜 상처를 준 건지, 이게 상처가 맞는지 확인하다보면 가볍게 웃어넘길 수 있는 일과, 내 기분이 이렇다고 상대에게 표현하면 바로잡아지는 일이 구분되더군요.

여러분도 공감하시나요? 아직도 풀지 못한 '꿍'이 맘속에 있다면 내 정신건강을 위해서라도 얼른 내려놓길 바랍니다.

8
나 가꾸기

사임당은 결혼 후 3년 만에 건강한 사내 아기를 출산했습니다. 그리고 선(璿)이라 이름을 지었습니다. 맏아들이라 시어머니와 남편은 들떠 있었지만, 사임당은 자신이 과연 옛 어른들의 가르침에 따라 좋은 어머니가 될 수 있을지 두려운 마음이 일어 마냥 기쁜 마음만은 아니었습니다.

아들 선을 출산하고 사임당의 하루는 더욱 더 바빠졌습니다. 동녘이 희부옇게 밝아올 때 자리에서 일어나 몸단장을 하고 시어머님께 아침 인사를 드리고, 부엌에 나가 하인을 재촉하여 아침상을 준비하고, 남편의 시중을 들고, 그러다보면 아이는 깨서 울고 그야말로 온종일을 버선 바닥이 닳도록 종종걸음을 쳐야 하는 생활이었습니다.

하지만 사임당은 자신의 몸단장을 하루도 거르지 않았습니다. 엄마가 되고나서 몸과 마음은 예전과 같지 않지만, 그 위치에서 매순간 자신을 가꾸는 일을 게을리하지 않았습니다.

저희 친언니는 지금 두 딸 아이의 엄마입니다. 대학시절에는 여리고 청순해서 꽤나 많은 남자들을 울렸지요. 그런데 얼마 전, 늘 자기 엄마가 세상에서 제일 예쁘던 둘째조카 서연이가 "이모가 엄마보다 조금 더 예뻐"라고 말을 하는 겁니다. 인물로 보나 마음으로 보나 저는 아직 언니의 반의반도 못 따라갑니다. 그런데 꼬맹이 서연이는 왜 제가 더 이쁘다고 했을까요?

이유는 단 하나! 화장기 없는 맨 얼굴, 편안한 운동화에 질끈 머리를 묶은 엄마보다 늘 화장을 하고 정장을 차려입고 구두를 신고 있는 제가 자신이 좋아하는 미미 인형과 더 가까워 보였기 때문입니다.

몸단장은 몸을 보기 좋고 맵시 있게 하려고 하는 치장입니다. 그 치장은 윈-윈의 효과를 가져 옵니다.

제가 아는 한 강사님의 딸은 유치원 발표회나 참관수업 때 "엄마! 이 옷 입고 와!"라고 매번 옷을 정해준다고 합니다. 아이에게 왜 그러느냐고 물었더니 "엄마는 이 옷 입으면 공주님 같아. 다른 애들이 엄마가 제일 예쁘다고 했어! 친구들 엄마 옷보다 엄마 옷이 더 예뻐!"라고 하더랍니다. 강사직을 수행하기 위해 하이힐과 깔끔한 정장을 주로 입는 엄마가 어린 친구들 눈에는 예쁜 공주님으로 비춰졌나 봅니다.

강릉 사임당공원의 '신사임당상(像)'이나 초상화의 사임당을 보면 엎

은머리를 곱게 하고 바른 자세로 앉아 있는, 자신의 몸단장에 한 점 흐트러짐이 없는 모습입니다. 이제 우리도, 일곱 아이를 키워내면서도 매일 아침 시어머님께 몸단장을 정갈히 하고 인사드렸던 사임당의 모습을 본받을 때가 왔습니다.

거울 속의 나를 한 번 볼까요? 다이어트가 전부가 아닙니다.

제가 '여성 새로 일하기 센터'에서 기업이 원하는 인재라는 주제로 강의를 할 때였습니다. 한 여성이 말합니다.

"첫째 낳고 찐 살은 잘 빠지더니, 둘째 낳고 찐 살은 안 빠지더라. 우리 애가 '엄마 살 좀 빼!' 이러길래 '네가 준 선물'이라고 했어요."

옆에서 가만히 듣고 있던 한 분이 받아칩니다.

"저는 그래서 10kg을 뺐어요. 그러면 다 괜찮아질 줄 알고, 그냥 살만 빼면 행복할 줄 알았거든요. 그런데 다이어트를 해도 뭔가 허전하고, 전과 다르고, 기운이 샘솟거나 기분이 좋거나 그러질 않아요. 다시 요요가 와서 결국 전보다 더 뚱뚱해져 버린 거예요. 내가 너무 보기 싫고, 세상이 우울해 보이고, 그래서 메이크업을 하고 머리에 웨이브를 넣고 다니고 했더니 사람이 싹 달라지는 거예요. 그때보다 더 뚱뚱한데도 사람들은 지금이 예쁘단 말을 더 자주 해요. 그러니 외출도 자주하게 되고, 일하려고 여기도 이렇게 왔잖아요."

그렇습니다. 날씬하든 뚱뚱하든 나를 가꾸는 방법은 같습니다. 나를 가꿔주는 사람과 그렇지 않은 사람의 삶의 만족도가 달라지는 건 다들 알고 있는 사실이지만, 정작 나를 가꾸기 위한 방법을 잘 알지 못합니다.

다이어트? 메이크업? 하이힐? 깔끔한 옷? 이런 것들이 아니라 세안제부터 바꾸고, 선크림을 자주 덧발라주는 이런 작은 행동에서 시작된답니다.

오늘은 나를 가꾸기 위한 첫걸음을 떼어 보겠습니다. 여러분은 변화를 위해 무엇을 시작하겠습니까?

나를 가꾸기 위한 첫걸음은?

9
아들아! 나는 어떤 엄마니?

"아버님께서는 성품이 자상하지 않으셔서 집안 살림을 잘 모르셨고, 살림이 넉넉하지 못했기 때문에 어머님께서는 매우 근검절약하시며 생활하셨다. 어려운 생활 속에서 사소한 일이라도 반드시 시어머님께 아뢰고 받들어 상의하셨다. 뿐만 아니라 하인들에게도 항상 부드러운 말씀으로 대하시어 집안을 평화롭게 하기 위해 애쓰셨다."

뒷날 율곡이 어머니 사임당을 회상하며 남긴 글입니다.

사임당은 넉넉지 못한 살림으로 아이들을 공부시켜야 했기 때문에 아이들이 다 쓴 종이 뒷장에 다시 글쓰기 공부를 시켰습니다. 이를 본 남편은 한마디합니다.

"어허, 아이들이 다 쓴 종이 뒷장에 글씨 연습을 하고 있더군. 앞장의 글씨가 얼비치니 제대로 공부가 될 리 있겠소? 아끼는 것도 좋지만 그것도 어느 정도라야지. 아무래도 부인이 좀 심하게 하는 것 같소."

남편 이원수도 뻔히 집안 사정을 알고 있을 법하건만, 그 말을 듣는 아내의 마음을 아프게 했습니다. 게다가 집안일에는 남의 일 보듯 무심했습니다. 남편의 경제적 능력이 없고, 더구나 집안일조차 무관심할 때 아내가 받는 고통은 어떨지…. 여기저기서 돈 될 만한 것들을 끌어 모아 식구들을 먹이고, 아이들 공부시키고, 남 보기 부끄럽지 않게 남편의 옷치레라도 하다보면 살림은 언제나 조마조마할 정도로 빠듯했습니다.

제가 사임당의 이 일화를 강의시간에 소개하면 대다수의 여성들은 "500년 전이나 지금이나 남편들은 변한 게 없네요"라고 쓴 웃음을 짓습니다.

남편의 경제력은 내가 대신 만들어줄 수 없기에 그에 맞춰 살게 됐다는 분이 있었습니다.

"남편은 사업하던 집안의 장남으로서 하고 싶은 거 다하고 살고, 먹고 싶은 거 다 먹고 살아온 사람이에요. 아버님 사업을 이어받자마자 공장이 화재로 불탔고, 남편은 그 후 취직을 했어요. 그런데 누구 밑에서 일할 사람이 못되더라고요. 겨우겨우 대기업 현장직으로 들어갔는데 돈이 좀 있다 싶으니까 또 씀씀이를 못줄이더라고요. 저는 애들 둘 키우느라 일할 생각조차 못했고, 남편이 주는 돈으로 아껴 살았습니다. 어느 날 작은애가 아픈 데 병원 갈 돈이 없더라고요. 병원 앞에서 지갑을 열어봤더니 4천원밖에 없어 들어가지도 못하고 너무나 서러워 길거리에서 사람들이 다 쳐다봐도 30분을 엉엉 울었어요. 이 말을 하면 다들 놀라실 텐데 제가 5년 동안 속옷 한 번 안 샀어요. 애들이 초등학교 들어가서 '우리엄마 자랑대회'를 하는데 제가 충격을 받았지 뭐에요. 우리 아들이 한다는 말이 '우리 엄마는 뭐든지 아까워서 버리지 못하는 절약정신이 매우 뛰어납니다. 그래서 제가 말을 안 들어도 버리지 않을 것 같아서 저는 기분이 좋습니다'였어요. 집으로 돌아온 저는 생각을 해봤어요. 왜 그런 엄마로 비춰졌을까? 아이들이 뭐가 필요하다 하면 남편은 늘 '그거 얼마 한다고! 하나 사줘!'라고 말을 하고, 저는 늘 '한 번 쓰면 또 버리잖아. 남아 있는 것도 있는데, 안돼!'라고 했거든요. 처음엔 경제력이 없는 남편을 탓했는데, 지금 생각해 보면 아이들에게 그런 엄마로 비춰진 건 제 말과 행동이었어요."

우리 아이들은 솔직합니다. 제 자신을 비춰볼 수 있는 거울과 다름 없습니다. 지금 아이들에게 다정한 목소리로 물어봅시다.

"아들아, 나는 어떤 엄마니?"

– 아들아, 나는 어떤 엄마니?

10
정을 나누는 삶

사임당이 마흔여덟 살로 돌아가셨을 때, 막내아들 우(瑀)는 겨우 열 살을 넘긴 나이로 어머니를 그리워하며 점점 말없는 소년이 되어 가고 있었습니다. 어머니가 그립기는 율곡도 마찬가지였습니다. 그럴수록 율곡은 사람의 삶이 헛되고 덧없게만 느껴졌습니다. 어느 날 율곡은 봇짐 하나 달랑 메고 한양을 등졌습니다.

"어머님처럼 재주 있고 정 많으신 분도 가족을 다 놓아두고 아침이슬처럼 사라지셨다. 그것이 사람이 타고난 운명이다."

율곡의 발길이 자연스레 머문 곳은 바로 북평(지금의 강릉) 바닷가였습니다. 북평 외할머니댁은 그가 여섯 살까지 자란 곳입니다. 또 어머니가 나고 자라 신혼살림을 차렸던 곳이기도 했습니다.

수운판관의 직무를 수행하기 위해 평안도로 떠나는 아버지를 돕기 위해 따라나섰다가 어머니의 임종을 지키지 못했던 율곡입니다.

"할머님, 이 뒤뜰은 그 모습이 조금도 달라지지 않았어요. 저 도란도란 핀 풀꽃을 보니 어머님 생각이 나는군요. 어머님께서 이 뒤뜰 어느 구석에 앉아 그림을 그리고 계실 것만 같아요."

"왜 아니겠니. 네 어미는 들풀이나 풀벌레들에게도 정을 나눠주었지. 여기를 보나 저기를 보나 네 어미 손때가 묻어 있지 않는 곳이 없구나."

이제야 율곡의 마음은 비로소 제자리를 잡은 듯 편해졌습니다.

프랑스의 사상가 사르트르는 '인생은 B와 D 사이에 있는 C'라고 말했습니다. 삶은 Birth(출생)와 Death(죽음) 사이에서 Choice(선택)하는 것이라는 의미입니다. 내가 의도한 선택이든, 내 의지와는 무관하게 이미 선택되어진 것이든, 아니면 강요된 선택이든 결국 내 삶에 대한 책임은 바로 자신에게 있습니다.

사임당이 이름 없는 들풀과 풀벌레들에게도 정을 나눠주었듯 마음의 여유를 가진 사람은 세상에 정을 나눈다고 생각했습니다. 하지만 강의생활로 바쁜 제게 누군가는 정이 많으면 나만 손해라며 독하게 살아라, 혼자만 잘 살면 된다고 충고해 주기도 했습니다. 무엇이 정답일까요?

내 마음이 평온한 상태를 유지하는 것! 작은 미물에게도 관심을 가질 여유가 있다는 그것 하나면 행복한 삶 아니겠습니까.

11
사임당 내비게이션

'내비게이션navigation'은 지도를 보이거나 지름길을 찾아 주어 자동차 운전을 도와주는 장치나 프로그램을 말합니다. 사실 요즘 운전자들에게는 이런 길도우미가 없다면 깜깜이가 됩니다.

어렸을 때 저는 엄마 같은 여자가 되고 싶었습니다. 아침에 도마 위를 지나는 칼질 소리. 압력밥솥 추 돌아가는 소리. 앞치마 입고 음식을 하고, 때로는 같이 책을 읽었고, 제 성적표를 받아보시고는 10분간 침묵으로 자신을 다스렸으며, 목욕탕에 가면 뭔가 하나 제 입에 물려주고 때를 빡빡 밀어주는 그런 우리 엄마 같은 여성이 되고 싶었습니다.

저는 지금껏 서른아홉 해 동안 가슴속에 엄마 같은 여자가 되겠다는 일념으로 살아왔습니다. 유난히 공감 능력이 뛰어났던 엄마는 지금도 저의 베스트 프렌드입니다. 그런 엄마가 어제는 제 옆에 앉아 이런 말씀을 하셨지요.

"유진아! 넌 아직 세상을 덜 살아서 잘 모르네. 사람일은 그렇게 하는 게 아니야."

아직도 엄마는 마흔을 앞둔 둘째딸이 어리고, 여리고, 세상에 내어 놓기가 불안한 모양입니다. 그것이 우리 엄마들의 마음입니다.

제가 지금껏 닮아가려고 노력한 엄마가 있듯이, 우리에게는 우리 모두의 어머니인 사임당이 있습니다. 우리가 사임당이라는 내비게이션을 따라온 것은 우연이었을까요? 제가 그랬듯이 이제 여러분도 가슴속의 내비게이션을 만나 새로운 길을 걸어가길 바랍니다.

사임당은 조선시대 최고로 손꼽히는 여성 화가이자 시인이었고, 조선시대의 대학자이자 사상가인 율곡의 어머니입니다. 제가 사임당을 가슴에 품고 '어머니 리더십'이라는 이름으로 교육을 해온 지 벌써 10여 년이 가까워옵니다.

사임당의 발자취를 따라 현명하고 지혜로운 여자의 삶을 살아가고 싶다는 꿈은 여전합니다. 아직도 많이 모자란다는 사실을 충분히 알기에 저는 글을 쓰면서 배우고 또 배웁니다. 효성 지극한 둘째딸 역할도 어려웠고, 내조의 여왕으로 등극하는 것은 정말 하늘의 별 따기였습니다.

저도 사람이라는 얘기를 꼭 전해 드리고 싶습니다. 하지만 저는 더 나은 삶을 위해 지금도 조금씩 변화해 가고 있습니다. 100세 인생, 더 나아가 120세 인생이 도래했을 때에도 저는 제 삶을 변화시키기 위해 조금씩 노력하고 있을 겁니다.

다시 사임당 이야기로 돌아옵니다. 강릉시 율곡로에는 사임당과 율곡 이이李珥가 태어나고 자란 집 오죽헌烏竹軒이 있습니다. 우리나라 주거 건축으로는 역사가 가장 오래 된 건물 가운데 하나로, 집 주위에 줄기가 손가락만하고 색이 검은 대나무烏竹가 많이 자라고 있어 붙여진 이름입니다.

오죽은 처음에는 연녹색 줄기이지만 성장하면서 점점 검은 빛깔이 짙어지는 귀한 대나무라고 하는데, 또 다른 대나무 이야기를 들려주고 싶습니다.

한국과 중국, 일본에서 자생하는 '모죽'이란 대나무 이야기입니다. 이 대나무는 성장 유형이 아주 독특해서 땅에다 싹을 심으면 4~5년간 아무 일도 일어나지 않습니다. 농부가 물과 거름을 아무리 부지런히 줘도 싹이 땅 위로 쉽사리 올라오지 않는답니다. 하지만 4~5년 후 죽순이 지상으로 올라오면 그 성장 속도가 이루 말할 수 없이 빨라 싹을 틔우고 6주 만에 키가 무려 30m로 성장한다 합니다.

이처럼 단시간에 하늘을 찌를 듯이 높이 성장하는 이 대나무는 아마 5년의 긴 시간 동안 겉으로는 아무런 움직임이 없지만 뿌리가 사방으로 땅 속 깊숙한 곳까지 뻗어나가 튼튼하게 기초를 다져 놓지 않았을까요.

우리도 하루하루가 변화를 보이지 않는다고 조급해하고 또 심지어는 남들과 비교해 화를 내기도 하지만, 사실은 모죽처럼 스스로 변화를 위한 큰 힘을 안에서 키워 가고 있을 겁니다. 커다란 날개를 가지고 하루에 구만 리를 날아간다는 상상의 새 대붕大鵬의 꿈을 꾸고 있을 겁니다.

여러분과 함께 더 행복한 삶, 더 만족하는 삶으로 변화하고 싶습니다. 이 책을 쓰면서 내내 함께 해왔지만 100% 완벽하게 닮지 못하는 사임당의 높은 꿈, 이제 여러분과 함께 나누고 싶습니다.

꿈을 꾸십시오! 꿈을 구체적으로 꾸십시오! 꿈을 현실에 맞게 꾸십시오! 어떤 꿈이든 많이 꾸십시오!

어느 순간, 자신의 꿈을 현실로 이룬 여러분을 맞이하게 될 것입니다.

사임당의 엄마 코칭

지은이 | 노유진
펴낸이 | 박영발
펴낸곳 | W미디어
등록| 제2005-000030호
1쇄 발행 | 2017년 2월 17일
주소 | 서울 양천구 목동서로 77 현대월드타워 1905호
전화 | 02-6678-0708
e-메일 | wmedia@naver.com

ISBN 978-89-91761-93-3 (03300)

값 12,000원